於
叛逆

推薦序

在推薦秋慧的新書之前，請容我先講一段關於我自己「勇於叛逆」的故事……。

成為一個老師，是我人生中最大的意外！

這個意外讓我的生命拐了一個大彎，讓許多人跌破眼鏡、無法置信，原來李佩玲可以這麼義無反顧地放手一搏，爭取一片屬於自己的天空。

我多麼希望讓父母放心，讓別人安心，於是在堅強的外表下，我是大家的李佩玲，一個不太有自己味道的李佩玲，對於一個從優渥條件中被塑形長大的孩子，我已經很幸福了，我擁有了很多別人沒有的。

但，這個幸福，卻讓世界對我有誤解……

其實，我不只承接了父親的政治舞台，更承接了他堅毅的性格。我不只是能站上舞台，我更能瀟灑走下舞台！

在過去光鮮的政治舞台中，我極盡所能的愛每一個人，卻不知如何關照自己；我多麼喜歡看見每一個人的笑容，但夜深人靜，卻再也無力牽動一絲嘴角；我找不到一個能灌溉別人、也同時滋養自己的事業！

經歷二次競逐朴子市長落選，老天爺花了很大的力氣讓我了解，也許我的人生不對頻、也不對焦；因此，老天爺下了重藥，讓我的人生非得轉彎不行！

要在自己的家鄉、眾多長輩、周圍每一個人的期待中，活出另一個樣子，幾乎、幾乎是不可能的事，我需要很大的勇氣！

沒有一個人可以教得會別人他自己都還不會的；我知道只要自己真正開心了，才能有本事讓別人也開心。在我的生命中，一直有一股力量驅使著我前進，而直到我遇見現在所經營的教育事業，我才找到了快樂。

每個人的生命中，都有那麼一點傳奇！我生命中的傳奇，就是現在

所經營的教育事業！它是助人快樂的開心事業，我堅信不疑的是，只要是自利利他的事業，一定可以成就！於是，夢想實現了，我為嘉義帶進了教育的世界舞台，一個貨真價實的紐約百老匯劇場教育！

在這個過程之中，感謝我的父親、感謝我的先生。他們和我一樣，對這塊土地上的人們有情、有義、有感覺、有理想、有實踐的勇氣！感謝生命中的眾人！願意認識另一個李佩玲。而相信每個人也都和我一樣：簡單又深刻、平凡又巨大、踏實又精彩！

我的故事，與秋慧的新書「勇於叛逆」是那麼的契合，因為我用我的生命証明了自己也是一個「勇於叛逆」的人！祝福每一位讀者也可以在書中找到「勇於叛逆」的力量！

橙智教育事業集團雲嘉南區總監　李佩玲

前言

我，是一個叛逆的人。

確切的說，我的叛逆，不是那種外顯的誇張行徑。大多數的人如果光看外表，多半認為我乖巧、順從、甚至於有些「古板」——不管如何都不可能會和「叛逆」畫上等號。因為要構成人們眼中的「叛逆」，是具備某些條件的！

「叛逆」，每個人的解讀不同。我的叛逆來自於「靈魂」的深處。也許，我所說的「叛逆」和你所認知的「叛逆」大相逕庭。

我的叛逆，是「接受自己、敢做自己，不讓別人的價值觀牽著走」！所以我很欣賞魏德聖導演的那句話：「專注在你想要做的事，而不是專注在別人怎麼看你。」

是啊！為何要將生命浪費在追逐別人眼中的自己？為什麼不能安然地扮演好自己呢？為什麼要為了別人眼中的成功而燃燒了自己的生命呢？

叔本華說：「人們浪費了大部份的生命，為的只是和別人一樣。」這句話深深地打動了我。

從小，在某個限度內，我一直做我想做的事。但為什麼說在「某個限度內」呢？因為我不夠勇敢，所以我也耗費了一些時間去在意別人的想法；而且，除了媽媽之外，也沒有人能義無反顧地支持我的「叛逆」。所以我經常「內耗」，就因為我「不夠勇敢」——我像是拿著平衡桿，在高空的繩索上跨出幾步之後，又縮回幾步，搖擺不定；在用完膽量之後，嚇得要命，所以只得硬著頭皮，一路抖下去——而旁人在一旁看著，也都不免為我捏一把冷汗。想想，這真是折磨了身邊那些「不得不看」的觀眾們，爸爸、媽媽、妹妹們和老公，他們一定都多少受到了「驚嚇」吧！還真是為難他們了。

後來，事業和婚姻歷經了一場混亂的風暴，腦中的混沌將我困在自我牢籠中無法逃脫。我不斷抱怨周遭的人們、冤枉他們，但到了最後，當再也沒有人可以被我「牽拖」時，我才猛然發現：問題的根源其實就在於我自己！

終於，一切豁然開朗了。原來我一直想要做自己、但又沒那個膽，顧慮東、考慮西，沒個痛快；對於生命，我太「放不開」，緊張、想控制、急躁，我用理想的「我」和現實的「我」相比較，所以總把自己的生活攪得一團亂！這樣的生命不可能會有喜樂，只有譴責。翻開那段歲月的日記，字字句句都是對自己的「愛之深、責之切」，一直怪自己這個沒做好、那個沒達成……唉，可憐又可悲啊。

前些日子，我和一個久未謀面的老朋友見了面，她順便問候了聲我老公：「妳先生還好嗎？剛結婚那時，看他心情好像都不怎麼開朗的樣子……」我哈哈大笑的說：「他娶到『那種老婆』，怎麼會開朗得起來呢？」

朋友一聽，楞了幾秒，怎麼我現在說起「以前的我」卻好像在說老公的「前妻」一般，那麼置身事外。是啊，或許我真的如同「死了之後再重生」吧；如今的我，已然活出了另一個我。

親愛的朋友！你接受你自己嗎？當你真正地接受你自己時，你就會很安然、很平靜、很優雅。「叛逆」其實是種平靜，因為你再也不用急著去哪裡，此時此地，就是了！

祝福你！

余秋慧

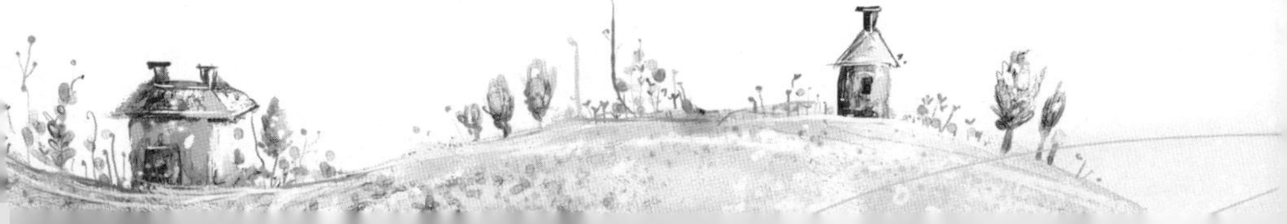

目錄

家庭篇

事業篇

夢想篇

Contents

真我篇

從心出發，
生命的美好來自於心靈的純淨。
埋下一顆玫瑰的種子，
你會得到玫瑰的芳香；
埋下一顆葡萄的種子，
你會得到葡萄的甜美。
心埋下什麼，你就會得到什麼。

擺正你的心

中醫認為，人是由「形」、「氣」、「神」所構成。而「心正則氣正、氣正則形正」，所以「誠於中，形於外」，一切顯於外在的「不正」，追本溯源，都是由於我們的「心」有了偏斜所致！

有的人，花了大錢去矯正牙齒，忍受巨痛去整骨推拿，甚至動刀子去矯正脊椎；但最終，他卻忘了自己仍是帶著一顆偏執的心。縱使用外力暫時地把一切放回應該在的「正確位置」，但如果「心」的「姿勢不良」，這種偏斜就還是會日日累積！

如果你習慣事事苛求別人、老是帶著肅殺之氣、總是把「自我」看得比什麼都來得重要，那麼，這樣的情緒將會反應到身體上。與這種情緒相對應的是五臟中的肺經絡，容易產生鼻子與呼吸系統的毛病，若個性不改，鼻子的過敏問題就會很難根治；如果你在大熱天總是感到「五內俱焚」的焦躁煩悶，一進門總是要大口灌下透心涼的冷飲「滅火」才過癮，那你就得小心滅火不成反上火，那可是喝再多的冰水也解不了的渴；如果你臉上從來很少笑容，動不動的就發怒或與他人起衝突，怒則氣上，小心你的肝老化得比別人快！若還藉酒澆愁、熬夜不睡，眼白黃濁、乾澀或是帶著紅血絲，那可真是要叫你「小心肝」了！

這些影響，除了威脅健康外，多少也影響了你的事業、婚姻與家庭。那麼，要如何改善眼前的這些困境？

據說有一個藥方最好用，那就是「笑」！一笑解千愁，你笑了，情緒和壓力就會放鬆，緊繃的五臟六腑也可以得到舒展，你的人生就會開始改變！因為一切的物質都是由波動所構成，這在科學上已經得到証實。而我們的思想、心念就是一種波動，當你意念改變時，身上所有的「成分」也會跟著改變。那些由不正常波動所造成的負面情緒和其所導致的疾病，透過正面波動的能量，自然能夠有效的獲得改善！

但如果真的笑不出來，又該怎麼辦呢？看看周星馳的電影、笑話集、或甚至找人給你呵癢吧！但假若您還真是個嚴肅人士，連這些手段對你都全然無用，那麼，動一動總可以吧？不用出門、也不必花你一毛錢，只要你每天在家看著你最愛的節目時，原地踏步二小時或原地跑步一小時，就能讓你滿頭大汗、促進新陳代謝，更可以讓你很快就變得能夠「笑出來」！不管怎麼動，只要動一動就可以改變你的人生！

身體與心靈是交互影響的，單方面的認為「身體的問題來自於身體」是種錯誤。心不正，就會隨著環境而產生偏移，最後亦將會形成一些難以戒除的壞習慣。一個人會變得如何，環境牽引的力量非常巨大！所以孟母三遷，背後自有她的道理；但是，不管環境如何改變，最重要的還是在於你的「本心」。

有一個小故事是這麼說的：

有一個無惡不作的大壞蛋，在過世後留下了一對雙胞胎兄弟，他們分別被兩個家庭收養。弟弟長大後，也變成了一個大壞蛋。當他被逮捕時，他說：「我有一個這樣的爸爸，我又能怎樣？」他把變成惡人的主因，歸咎於「我有一個那樣的爸爸，所以我走上了他的舊路」。但事實真的是如此嗎？

反觀雙胞胎中的哥哥，他最後變成了一個著名的法官。當人們問他是如何獲得成功時，他說：「我有一個那樣的爸爸，我只能這樣。」他把成功的主因，歸功於「因為我有一個壞爸爸，所以我必須從中學習錯誤，因而促使我把那些負面的能量轉變成向上的動力」。

「爸爸」是不變的，雙胞胎兄弟的基因也不會相差到哪裡去，但最後卻造成了如此巨大的分歧。

凡你所做，必回歸你身。心中的出發點錯了，最終也將走上不同的道路。走在錯誤的路上，不管怎麼走，錯就是錯；這時，唯一能做的就是坦誠的面對自己，然後回頭。除此之外別無他法。

當面對錯誤，有的人習慣躲在自己編織的謊言中，繼續行若無事的過著生活；那些謊言，很多時候看起來的確頗像一回事，但到頭來卻也只是自欺欺人。現在，立刻停止織網，走出那個自己設下的羅網吧！那個可以保護你的網，事實上正是束縛你的陷阱。不要背叛真善美，更別背叛你的心。因為「凡你所做，必回歸你身」，別再為了逃避傷害，而讓自己傷的更深。

處在吵雜的環境中，往往很難讓人靜得下來；整天心神隨著環境起起伏伏，非但無法找到真我，心靈和身體也都因此受了傷……親愛的朋友，學會保有一個內在的「秘密基地」吧。經常造訪，將能讓你的靈魂保持清淨；來到這兒，擺正你的心，心正了，世界也就正了！

我定義我自己的存在

美國的科學家曾經進行過一項心理學實驗，名叫做「傷痕實驗」。

他們告訴志願參與者：這個實驗，最主要是為了觀察人們在「面對身體有缺陷的陌生人」時，會有什麼反應；其中尤其是面對「面部有傷痕」的人時的反應。

每位志願者，都被安排在沒有鏡子的小房間裡，由一群神乎奇技的好萊塢專業化妝師，在左邊的臉上做出一道血肉模糊、觸目驚心的傷痕。志願者看不到化妝的過程，只有在化好妝的時候，用一面小鏡子讓他們看看化妝的效果，然後鏡子就會被拿走。

接下來，也就是這個實驗最關鍵的一步！化妝師向志願者表示「需要在傷痕表面再塗一層粉末」來定妝，這是為了防止它不小心脫落。但實際上，化妝師是利用技巧偷偷去除了化妝的痕跡——也就是說，受實驗者的臉這時候已經恢復到還沒有化妝前的正常狀況。

然而志願者卻全不知情，一直認為自己的臉上「帶著傷痕」，更不知道自己原來才是「被觀察者」。

接著，這些參與者就被派往各醫院的候診室，進行所謂的「任務」，也就是「觀察人們對他們的面部傷痕產生的反應」。

觀察的時間結束了，這些志願者幾乎都異口同聲地指出人們對他們粗魯無理、不友善，而且總是「盯著他們的臉看」！

你發現了嗎？實際上他們臉上的妝早已除去，模樣和平常並無不同；之所以會有那樣的結論，完全是源自於錯誤的自我認知。

一個人在內心是怎樣看待自己，就會感受到外界是怎樣的目光。一個人若是長期抱怨自己的種種，接著他就會覺得別人也都是這麼看著他，最後就會陷入自我內心的撻伐而無法掙脫；但如果他能試著改變內心的想法，他就會發現，身外的處境其實沒有想像的那麼糟糕。正如佛學所云：「境隨心轉」，在這個世界上，別人是以你看待自己的方式來看待你！所以，只有你自己，才能決定別人看你的目光。

別再向別人證明你自己了！

很多人，碌碌於一些「遠大」的人生目標上，當你問他們為什麼要這麼辛苦時，他們往往只會告訴你：「我要證明我自己！」

證明什麼？為什麼需要證明自己？你不是已經存在著，為何還要費事地再去證明！

一朵玫瑰就是一朵玫瑰，不需要努力。她不就是「一朵玫瑰」嗎？只要放鬆自己，緩緩地張開雙眼，陽光的照耀和露珠的滋潤就能帶給她生命的豐足。證明？為何需要。

一切的災難，其實來自於對自己的不瞭解或是拒絕接受。即便用盡各種方法，欺騙他人、說服自己、歷經挫折與磨難，但無論如何，玫瑰不會變成茉莉；而你，就是你。

所以，你要發現「你」、接受「你」，不要白費力氣去為旁人的目光而努力。你，已經存在，享受生命才是存在的證明。盲目的追尋別人的腳步探求人生的高度，即便是夢幻般的「三級跳」還是一帆風順的「平步青雲」，其實對你自己來說，只是離「家」越來越遠。旅人，總是會回家；心，不也如此嗎？

女神卡卡（Lady Gaga）在二0一一年造訪台灣，造成了一陣轟動，她說了一段很酷的話：「從第一張唱片到現在的第三張，貫穿每張專輯的概念都是：我定義自己的名氣，我定義自己的存在，我定義自己的身分，我定義自己的美麗。除了你自己，沒有人能夠定義你是誰！」唯有這種叛逆的氣魄，才能造就一個如此的巨星！

叛逆有什麼不好？叛逆才能讓你不虛此生！

願我們在回顧自己的一生時，都能夠慶幸：我依著自己的心過了一生！

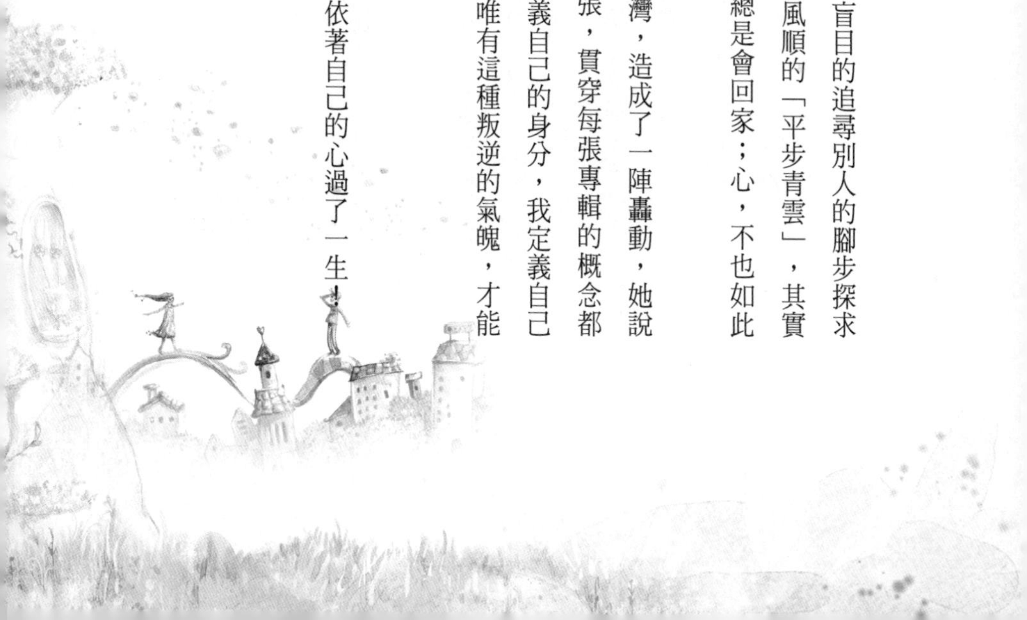

因・果

當我們做了一件事情，它的結果可能會花一點時間才產生，以致於有的時候，我們會無法將這兩者之間的因．果關係連起來。

在非洲的某些國家，生活十分艱困，小孩從一出生就開始挨餓受苦，小小的生命就像蜉蝣一樣短暫，然後消失。一開始，我一直不了解為什麼在生活條件這麼差的狀況之下，他們還要「一直生」？

後來，我總算知道了答案。原來在非洲的原始部落裡，人們並不知道「男女發生關係」和「小孩出生」之間有「因果關係」！兩者間隔了九個多月的時間，對他們來說這實在是太久了。沒有月曆、沒有手錶、又沒有計算方法的他們，時間的概念幾乎等於不存在。對他們來說，九個月這麼漫長的時間，自然無法把兩者的因果關係連結在一起。

除了這個原因之外，還有一個理由也讓他們無法從中找到因果關係，那就是：男人和女人在「發生關係」後，也不一定會有孩子出生。所以，這不是一個「必然的因果」。

既然如此，那他們認為孩子是從何而來的呢？事實上，他們認為孩子的誕生，不是經由男女發生關係或是其他生理上的因素，而是「一份來自神的禮物」。只要神挑選了誰，那人就會有孩子，只有遵守部落規矩與信仰的教誨，才能被賜福而擁有孩子。於是，當基督教傳教士在非洲首度發現這些部落時，簡直不敢相信這些人生兒育女這麼多代了，居然完全沒有一點「前因後果」的概念。

你也許會笑他們「無知」吧？對大部分的人來說，這是一種「常識」，所以你無法想像「竟然有人會不知道」！然而，你是否有反思過自己，在很多面向上，其實我們也都是未開化的原始人，只是我們都還不懂得其間的因果關係罷了。

試著去和他人一同分享這個小故事吧，相信他們也會很訝異，甚至會反問你：「怎麼可能？總會有人去跟他們說吧？」但事情真有這麼簡單嗎？當人們處在「不知道」的狀況時，我們常常會用所有的「已知」去否定別人所告訴你的「未知」。接受新知其實是一件很困難的事。相信你應該聽過國父的這個故事：小時候，他為了要破除迷信而扯斷了神像的手臂，然後告訴大家：「祂連自己都保護不了，怎麼可能保護你們？」國父的說法當然沒有錯，但由於人們無法突破「已知」的迷障，於是他還是受到了懲罰。從這個故事看來，就連國父也非常「叛逆」呀！

有的時候，種子要花很久的時間才會發芽。因此，大部份的人都這麼日復一日的過著相似的日子。他們不瞭解因果，不知道當下的抉擇將會影響到日後的可能；生命的苦，其實都是源自於自己的選擇。那些選擇也許不是現在，也許是在遙遠的那個曾經，但我們就這麼將種子撒下，然後完全忘了它們的的存在。其實我們就像部落裡的人一樣，或許都是無知無覺地過著自己的人生。

當養分充足，種子便會開始發芽……這時請別驚呼，它們不是無中生有；藏在靈魂裡的種子雖然看不見，但總會在某天開花結果，成為日後影響我們的原因。當你發現自己毫無來由地感到悲傷或低落，而似乎也不是什麼眼前的因素造成的，沒有吵架、沒有壞消息，那麼這陣突然而莫名的悲傷與低落到底從何而來呢？

想想非洲部落的啟示，你就可以知道一切都有因果。也許中間隔了三個月、三年，甚至可能是來自模糊的嬰兒時光，那時，原因的種子早已深深埋下……

我也曾經如此。那時的我總把原因怪罪到「生理期症候群」，又或者是月亮、潮汐什麼等不可知的因素；但我卻始終沒想過，原來，問題其實是出在我自己身上！人往往不懂得要為自己負責，因為把責任推給別人總是比較容易。所以智者早已告訴了我們：停止撒下痛苦的種子，開始撒下喜悅的種子，就會擁有如同天堂般的花園。

一個人不是只有一時，很多事情必須把時間拉得長遠來看。每個人都有許多必修學分，就像研究所畢業要四十個學分，人生的學分自不會少過於此。親子、家庭、男女角色、愛情、親情、友情、金錢、工作、事業、情緒……

等，人生等著我們要修習的學分實在太多了。如果我們不能均衡生命，在每次遇到問題時充分修足學分，卻是選擇逃避而不願面對那些不如意、困難和挫折；那麼在可能的未來，你必將遇到相同的問題，讓人生再度墜入輪迴。

我們應該要以學習的心態正視自己，深思一下到底是哪裡出了問題？又該如何超越它？「輪迴」或許正是為了讓我們重新學習，「因果業報」則是種因得果，沒什麼神秘。

說來容易，但我卻花了很多年的時間才從痛苦、埋怨、逃避、抗拒中走出來！現在，我用「求學」的心態來面對我的生命，學習「順勢而為」，學會品嚐那些自己所種下的果實——不論是甜蜜還是苦楚——因為「凡你所做，必回歸你身」。

重設人生的程式

「我們生命中的一切都是思想產生的結果」——這句話可以算得上是老生常談，宗教講道、潛能激發等課程中我們常能聽到這樣的說法，它強調的是一種思想和生命品質的對應關係。

人生的路程中，難免會身陷泥淖。當生活、行為模式、一言一行等已經成為一種「慣性的重覆」時，那生命的「程式」真的已經定型；人會身陷其中而走不出去，人生和心靈將會陷入無法突破的困境。除非你樂於被生命所控制，否則就應該勇敢的跨出，重新設定你的人生程式！

現在這個不太好用的「生命程式」，完全是你設計錯誤所造成的。

或許我們都對程式並不瞭解，但相信大多數的人都能很輕易的感覺得出「這個系統好不好用」。當我們在執行人生運算時，難免會遇到困難，但你曾

否想過，是不是系統在根本上就出了問題？一個好的系統程式能讓使用者簡單的執行、良好的運算出正確的結果；然而，有問題的程式，卻只會讓我們忙東忙西，最後卻得出一個錯誤的結果！所以，我們在思考如何改正自己的人生前，最先要做的，就是重設好自己的人生程式！

脫離習氣，是蛻變的第一步！

我們往往喜歡熟悉的事務，樂於待在舒適的環境之中，因為它讓我們感到很「安全」。追求「安全感」是人的天性，這並沒有錯，然而把船安穩地停在港口，卻不是造船的目的。若我們終其一生都只在尋求「安全」，就很容易在一個小圈圈裡打轉，出不來，陷入一種迴圈式的迷惘狀態。

對於生命，我們才是主導者！我們必須、也必然的要由自己設定生命的程式。如果你感到：「為何生命好像失控了？」、「為什麼一切好像脫離軌道？」、「為什麼生命好似進入了一個不斷重複的循環？」——那代表你正如同老鼠一樣，正在滾輪上瘋狂的奔跑著。無論你跑得多快，你哪裡都到不了！你被習慣、生命、和那些固有的想法所綁架，你不斷地前行卻只成了原地打轉。

當你發現，自己罵小孩的內容都一樣、夫妻吵架的台詞也相同、埋怨上司和部屬的主因都是那些、總是覺得自己很容易在某方面出錯、工作遇到的瓶頸都差不多……時，那不是他人出了錯、也不是時不我與、更不是什麼「相欠債」，這只是代表你應該回到生命的源頭去重設你的程式了！改變自己，人生才會獲得改正。

省去那些再三思索過錯的時間，立刻從自我程式的中樞修改起，轉瞬間，一切就會不同。弄清事情的先後，別再讓運轉的中心反隨著周圍的影響起舞；轉動中心軸，讓周圍隨之運轉，蛻變中心，周圍自然跟著改變。先靜心，然後其他的事情自然會發生，人的命運真的可以在轉瞬間完全改變！

認知到生命程式的影響後，它就不再能支配你。學會掌握你的程式，修改它、重設它、進化它，無論它是好的或是負面的，它皆會為生命劃出一道流，讓你隨波逐流地演繹出生命的各種可能。但請記得，別再讓你的程式劃出一道溺人的渦流了，隨時醒覺地審視你的程式吧，是不是該更新一下了呢？

解決問題最好的方式，往往並不是尋求一個最完美的答案，而是試著去把自己向上提昇。彼時無解的問題，最後也會消融於無形之中！人往往把自己視野的極限，當成是世界的極限，當你的心開闊到零極限時，將再也沒有任何人事物可以限制你！

「我該怎麼做？」

當一個人徬然無知時，才必須依賴別人的意見！

我認識很多人，他們都擁有獨一無二而美好的才華，但他們卻在歲月的汰洗下，遺忘了如何去愛自己。好可惜。他們活在別人的期望、期待之下，常說：「我想這麼做，可是某某告訴我應該……」、「如果可以的話，我真想……」而他們最常用以結尾的一句話，總是問我：「不然你覺得我該怎麼做？」

「我該怎麼做？」這個問題，不該問別人，而是要問問你自己的心；你要問的，是那個藏在心靈深處，沒有旁人目光與期待的你。不該問我，因為我也只是個「其他人」，我的意見無法穿透到你的心靈深處。所以，問你自己吧！

遇到問題時，很多人總會到處向人求教，問專家、問長輩、問朋友、問命盤、問神明，一切可以問的都問了，但卻忘了要問問自己的「心」。為什麼，你要從別人那裡求來一個不屬於自己的生活？

當你得到了答案，但那是屬於別人的答案；當你完成了目標，那也只是別人的期待。你看起來是抵達了，但那兒根本不是你想去的地方。你虛耗了一生，在追求別人眼中的「你」！

你找到今生註定的自己了嗎？

人，一生中最幸福、最幸運的事，就是很早就找到了自己，發現上天賦予的才華、能力與使命，並專心致志、心無旁騖的完成。但大多數人在尋找自我的過程中，並不是那麼的順利。有時，會被路旁的花花草草所吸引，流連忘返；有時，會錯過正確的道路，誤入歧途；有時，會懷疑眼前所選的路徑，於是又回到原點；有時，會遇到大石阻擋，因此備受挫折。然而，這些都是「外境」，是用來磨練我們的意志力與能力，讓我們擁有足以應付日後危難的韌性。是為了「成就」我們而存在；無奈，當我們慧眼未開之時，往往會誤以為這些是為了「毀滅」我們而來——心境差之毫釐，於是讓我們離終點失之千里！

然而，用言語文字來表達總是輕鬆了些；在面對這些困境的時候，若是能有人、事、物來指引我們、加強我們的信心，相信黑夜就不再如此漫長。這些指引就是我們所說的「貴人」：在最適當的時刻、提供最適當的協助——在我們最需要的那個瞬間！

我們都希望來自黑暗之中的那盞明燈，能帶我們遠離困頓；然而這盞燈並不在別人的手上，而是來自於我們內在的「心燈」。當我們點亮自己的時刻，不但自己的黑暗將不復存在，也可以為他人帶來指引。而其中的關鍵就僅在於：「點亮自己的心燈」！

我們羨慕功成名就的人，並想像著自己如何能和他們一樣登峰造極；但往往人們卻是費盡心思與力氣，卻仍舊無法企及。最大的原因並非努力不夠，而是因為你所做的一切，並非「成就自己」。你一直在努力變成一個不是自己的人，所以無論如何都無法抵達；而即便抵達了世人眼中的那座高峰，你還是不快樂、不滿足。因為那不是你！

努力的焦點應該是「找到今生註定的自己」！

舞台已為你架好，先行抵達的人，也空出了一旁的位置等著你的到來！看看英國的素人歌手保羅帕茲——從一個極度沒有自信的人，變成了歌劇英雄；從一個只是擁有「不敢夢想」的空想家，變成了已經圓夢的先行者！這中間的過程很簡單，他只是努力的準備好自己，然後一腳踏上此生註定的舞台；但也充滿艱辛，命運的女神多次考驗他是否已臻成熟，是否那麼堅定的走向這個舞台。在妻子一路的鼓勵和支持之下，他終於成功了！當他後來與莎拉布萊曼、美聲男伶等知名歌手合唱時，那是最初的他所無法想像的境界啊！他已經找到了自己，並踏上那個命中註定的舞台，他的另一段旅程，才正要開始……。

你找到自己了嗎？你目前的所做所為是在「找」嗎？還是僅因已身在旅途之中，就拚命的走、死命的跑、根本「沒在看路」？

如果你問：「怎樣才算是找到？」那就代表你還沒找著。一個已經找到的人，自然會散發出一種非常不一樣的光芒，指引著自己和帶領著他人一起前進。

打開你全部的感官和靈魂去體驗、經驗你的人生，那是你的人生，向內走！內在的旅程很辛苦、很單獨、也很孤獨，但是一旦你走過之後，你的人生開花了、舊我死亡了，你再也不需回頭。

改變自己，世界隨之轉變

甘地曾說：「你要這世界怎麼改變，你就自己先變成那個樣子。」

你覺得是這個世界「欠」你什麼嗎？所以老是忿忿不平。

你覺得別人老是不能照你的意思做嗎？所以經常急得跳腳。

心靈上欠缺了什麼，看一個人的外在就能知道。

沒有安全感的人，會堆積各式各樣能夠讓他擁有安全感的「東西」：金錢、房地產、車子、鑽石……。他不打算使用它們，只是一直的堆積；然後，他會把身旁的「人」也當成了「東西」來「控制」，把自己的觀念和想法硬加在周圍的人身上，把活生生的人框成了「死的」。

活生生的人是流動的，怎麼可能被框住呢？自己的不安，不能依靠囚綁他人而獲得改善。不安，是因為沒有根植大地，於是失去了與生命源頭的連繫。不安的人，就像在茫茫的人生大海上死命的想抓住一根浮木，但沒有人想當那根浮木啊！身旁的人會因為你抓得太牢而窒息，也不願為了你的束縛而被迫一同漂流。唯有自己老老實實地把根紮入地下，才能得到生命的滋養，才能停止飄浪的人生。

放棄虛妄的追求吧！不要試圖去挑戰不屬於自己的可能，而是要找出自己人生的方向，並且在其中不斷的提昇與超越。

你不適合人群，卻一直勉強自己去適應其中，這樣不是很累嗎？

你不適合孤獨，卻一直壓抑自己去躲在角落，這樣不會很傻嗎？

找出自己、發現自己才是一生最大的功課！「明心見性」，成功並不是成為世界第一，而是成為你自己。追求外在世界的改變、追求別人賜予你的認同、追求物質帶給你的安全感，這一切，都無法讓你自己認同自己。

你就是你，你的存在不用從別人的口中獲得證明。你與朋友一同走在路上，一隻蝴蝶翩翩飛過。其中一個朋友驚呼道：「啊！是蝴蝶，好美啊！」另一位朋友卻尖叫道：「好噁，是昆蟲！」那麼，蝴蝶到底是美麗？還是噁心？

當別人誇讚你聰明時，你會高興；但當別人說你是笨蛋時，你就真的成了笨蛋嗎？如果你真的這麼容易受到旁人言語的影響，或許，你還真是個笨蛋呢！

我們確實都希望讓人留下聰明、美麗的印象，在別人的眼中看到的我們、在他們口中聽到的讚美，那或許也是一種存在著的證明。但，追求別人眼中的我們，該是我們一生努力的目標嗎？

一般的人們，就是如此在社會中生活著。他們不斷嘗試著讓所有人都留下好印象，活像個奴隸，討好別人成了生命的意義；遵循旁人的想法、投其所好，好換取一聲「主人」的讚賞。你真要和他們一樣如此的卑微？這是真實的你嗎？

人們總是在尋找著，他們把人劃在一個又一個的圈圈裡，只為了找到「同一國」的夥伴。遵照別人的想法，換取別人的支持與尊重，一同依循著彼此確立起的「正確想法」，交換欣賞與讚美，他們為此感到心滿意足。但事實上，他們雙方都活在幻覺之中，你同意他的幻覺、他支持你的幻想，這不過是一座海市蜃樓。

為什麼非得要別人來認同呢？真誠的活著，不就是一種認可自己的方式。為何還要在乎別人說些什麼？

甘地說的沒有錯，你要這世界怎麼改變，你就自己先變成那個樣子。我想，世界不會真的改變，而是你的心境轉變了，一切看來就會不同。

蘇東坡和佛印曾有過這樣的小故事：

一日，他們兩人走在路上，蘇東坡心血來潮的問佛印道：「你覺得我看起來像是什麼？」佛印隨口應道：「我看你像尊佛。」蘇東坡一聽可樂了，於是忍不住逗佛印道：「那你問問我，問我覺得你像什麼。」佛印說：「好，那我問你，你覺得我看起來像什麼？」蘇東坡這時候忍俊不住，笑鬧道：「我說你像狗屎。」隨後蘇東坡哈哈大笑，為自己的小勝利開心不已。但之後蘇小妹卻用一句話點醒了蘇東坡，她是這麼說的：「人家是佛心，所以看一切都是佛；而你是屎心，所以看什麼都是屎。」

敢於做自己需要很大的叛逆，但人不應該媚於世界而扭曲自己。改變自己的心，世界其實並非你所想像的那樣無知；當你接受自己，世界才會跟著接納了你。

純真的勇氣

在一次的朋友聚會中，大家天南地北的聊，突然有人開了個頭：「為什麼對人很好，但到最後換來的竟是背叛……」此話一出，想不到大家紛紛表示意見，愈聊來愈熱絡。到後來，連一些兄弟鬩牆、骨肉相殘……等故事都紛紛出籠，聽來實在令人心寒。「對於人我之間的關係該如何拿捏？」是大家共同的疑惑，而紛紛戴上面具是眾人自保的手段。於是，談話的氣氛逐漸凝重了起來。

有的朋友提出「君子之交淡如水」、也有的人把經典古訓搬出來佐證自己的看法。而我呢，我又是怎麼想？我認為，人必須要懂得適度的保護自己，這點完全不需要懷疑；但如果你它當成與人交往的前提，那你的靈魂將會死掉！因為你凍結了情感、武裝了自己，不敢與人真心互動與交流，用缺乏喜樂的方式活著。虛偽的面具、嚴肅的表情，是不可能為你帶來任何的歡悅。請試著打開心接受陽光吧。也許你會因為光線太過刺眼而暫時盲目，但總比永遠地待在黑暗中當個睜眼瞎子好！

不管你身在何處，以赤子之心單純的活著，那兒就會是伊甸園！

保持「純真」需要最大的勇氣！女子天團S.H.E有首歌〈痛快〉是這麼唱的：「痛快去愛、痛快去痛、痛快去悲傷、痛快去感動！生命給了什麼，我就享受什麼……生命安排什麼，我就感謝什麼……」這樣不是很好嗎？把自己敞開，讓喜怒哀樂流過你的生命，不是很豐富的體驗嗎？

讓一切流過而不留下，這樣生命又怎麼會有恐懼？一切都只是幻境、是我們心的鏡射，何必那麼認真而讓別人輕易地傷害到你，並在你的心中留下烙痕呢？小小的幾次跌倒，就會讓你完全放棄走路嗎？你的心，只容得下那些不好的經驗嗎？別讓你的一生就浪費在「害怕別人對你的傷害」，而錯過了「別人對你真正的愛」。你還年輕，不應該太早為神秘且神聖的生命妄下定論。

……朋友們的討論仍持續著，我終於忍不住插口道：「我覺得與其一直探討『別人為何這樣對我』，不如去『修心養性』，調整自己的磁場，看看『是我做了什麼，讓一切變成這樣？』所謂『物以類聚』，好的磁場才能吸引到好人。像我們今天在場的人，不就都是『好人』嗎？」恐怖的討論終於停止了。負面情緒只會帶來更多的負面情緒，我可不想帶著一堆別人的垃圾回家。

接著，氣氛開始轉變了。大家把焦點從他人的無情無義，挪回到自身的檢討，緊張且凝重的氣氛漸漸緩和，到最後話題愈來愈正面，大家又有說有笑了。

「我可以做什麼來改善這一切的不滿意？」很多人往往會這麼問，但最後卻選擇了「什麼都不做」。那也是一種「做」的選擇，因為把生命中的不順遂推給別人總是比較容易；但這也就是為什麼人總是向下沉淪的主因！敞開自己，坦然面對，積極改善，將讓我們獲得最大的成長！

改正自己、保持純真，這並不容易。隨著年齡的增長，我們的目光蒙上了一層又一層的灰塵，漸漸缺乏了「洞察」的能力。我們的眼中變成只看得見「聖誕樹上的裝飾品」，我們用外在財富的多寡定義成功，忽略了內在財富的累積；內在是樹木本身、是樹木的「根」，當失去了根，其實它早已死亡。五彩繽紛的裝飾說穿了都只是種假裝，絢麗奪目卻掩蓋了死亡的真實。只有用心眼，才能看穿這一切的假象。

請讓真善美成為生命唯一的準則！因為人若「真」，就不可能為惡；人若「善」，就不可能不真；「真」與「善」，最後成就了優雅的「美」。不要為了生活而成為一個虛假的人，因為自欺卻未必能欺人，旁人都可以輕易地讀出你的「不真」，何必呢？

虛假，最終只會造成分裂與痛苦。一個內在分裂的人，他的外在勢必然也是分裂、混亂的。靜下心來用心觀察，身旁那一個個為了生活團團轉、為沒有意義的事瞎忙的人將會一一現形，而你，是否也身在其中呢？

隨時想著「真善美」便能完善你生活，心中所思，將會化為實質的一切。篩選那些流過腦中的思想，摒棄那些不真不善不美；讓所有不好的，消失於起心動念之間，不要讓它透過你的手、你的嘴來傳遞。讓真與善成就你的美——一種無法言喻的優雅與從容。

不要說謊話與場面話。因為假，所以醜陋；

不要強把你認為的「善」加在別人的身上。那不真，所以不美；

不要誤以為對人毫不留情的尖酸刻薄是「真」，那是傷害、是攻擊。不善，所以更是醜惡。

真善美是人生最重要的一門功課，它無關於信仰、更無關於宗教，它是一種身心靈的淨化過程；不必刻意遠離人群到深山修行，因為那只是逃離、忘卻而非轉化，重要的不是轉變環境，而是調整心境。

面具是不需要的！武器是不需要的！侵略是不需要的！你應該把重點放在調節自己的磁場，增加自己的正面能量，用童稚的心去學習、去感受、去體驗，不要這麼早就「死掉」！打開心，求個痛快！什麼勇氣都不需要，什麼策略都不需要，只要一直的保持純真，你將會得到最終的財富！

何必大小聲？

還記得當初看「新兵日記」時，其中有段故事特別令人印象深刻。大意是說，軍營中有個新兵不慎掉了兩萬元，是某甲拿走的。不過這人非但不承認，反而推給了另一位「有前科」的同袍，過程中還不時的冷嘲熱諷——明明自己才是賊，不承認也就算了，竟然還對別人「落井下石」？這是什麼心態？好奇怪！這種冤枉好人的戲碼，看了實在令人「內傷」！

不禁讓人想起了「作賊喊捉賊」這句俗語。當有人發現小偷，大喊「捉賊」時，留在現場的小偷往往會跟在一旁喊得最賣力：「大家趕快來捉小偷啊！真可惡！可別讓他給跑了……」

喊得大聲、喊得賣力，其實只是這個小賊的保護傘；這樣一來，別人就不會懷疑他是賊，因為「這怎麼可能會是他呢？要是他是小偷早該跑了，又怎會留在現場，還喊得那麼賣力……」

當人們對自己的「清白」過度展示，對別人的「罪惡」過度反應時，其實也是一種作賊喊捉賊的心態，也就是「惡人先告狀」。如果有人過份地強調：「這事跟我無關。」那麼你可以大膽假設一下：「那個人一定有什麼問題」，否則無關就無關，幹嘛要再費勁的一直解釋？同樣的，如果有人對某事反應過度，說話「大小聲」，那就很值得「研究」了。否則「惱羞成怒」這成語又是如何而來呢？

為什麼要大小聲？為什麼要一直解釋？為什麼要一而再、再而三地強調？事出必有因！事實的真相往往與這些「說明」恰恰「相反」。

所以親愛的朋友們，千萬別被那些義正辭嚴的表象給騙了。「作賊的喊抓賊」，當人們自知理虧，又不願意低頭認錯時，往往會「惱羞成怒」的偽裝自己。他們通常會加大音量、睜大眼睛、態度強硬，因為這樣別人才不會去質疑他，甚至讓人開始懷疑自己是不是冤枉了好人。要脫罪，這的確是個好方法。

這樣的行為，或許是人性，從孩子們身上就可以很輕易的看到例證：

「媽媽！那個不是我打破的！我只是走過去，不知道為什麼它就自己掉下來……」

「我沒有欺負妹妹！她自己不知道為什麼就一直哭……」

「妹妹臉上不知道為什麼會紅紅的，我沒有捏她喔……」

或是張著甜膩膩的嘴跟你說：「我沒有偷吃糖果喔……」

這些話，很熟悉吧？

有人說，面對別人不實的指控，實在不須費勁解釋；因為相信你的人不需要解釋，而不相信你的人又更不需要解釋——因為無論如何他也不會相信啊！

但要擁有這種「泰山崩於前而色不改」的修養，實在很不容易。一般的人們，情緒往往是浮躁的——有人惹惱了你，於是你就像被按下了情緒的按鈕、刺到了痛處，開始不由自主的生氣、大吼大叫——但那不是真正的情緒，這只是「反射動作」！

惹你生氣的人，是名「操縱者」，而你是個「被操縱者」。他按下按鈕，你就像部機器般開始運作。情緒就像電燈一樣，被人開開關關、明明滅滅。如果你沒有察覺，就隨著別人的操縱做出反射動作，你的情緒就完全被操控在別人的手裡。你又怎麼能說那是「真正的情緒」呢？不過是對應別人行為的某種「反應」罷了。

當有人罵你時，如果你接收了他說的話，那麼就會依據他說的內容做出反射動作，例如生氣或開心；但是如果你沒有接受，只是保持疏離、保持距離、保持冷漠，那麼他又能拿你如何？

佛陀面對一群試圖要侮辱祂的人說：「若將一把燃燒的火丟進河裡，在火掉進河流前，它會一直熾熱的燃燒著；但在掉進河的那一瞬間，所有的火都將熄滅，因為河流會將它冷卻下來。我已成為一條河流，你將怒罵丟向我，當你拋出時它們是烈火，但它們將在我的冷靜中熄滅，再也無法對我構成傷害。我的行動出於我本然的天性，而不是你所說的言語。」這才是情緒的自發性——一個具有覺知、瞭解的人對情緒採取的行動。然而，一個毫無自覺、無意識、機械化的人，就只能像一個機械一樣反應他人的行為。

所以，你為什麼要生氣，為什麼要那麼大聲？你的情緒是真實的反應了你的內心？還是只是一個單純的反射動作？下次當別人惹火你的時候，給自己幾秒鐘的時間好好想想：「這是我真實的情緒嗎？」外在的言論並不會影響你的內在品質，憤怒的火焰，只會灼傷那些視它為烈火的人。心中既無一物，又何憂塵埃惹人呢。

我可要為了你，壞了我的千年修行？

據說，人要成為「人」，要經過千年、甚至於萬年以上的修行；而成為一個人之後，更要學習世間種種，待一切修畢後才能脫離生生世世的輪迴之苦。

然而，生活中難免會產生一些煩心之事，來考驗著我們，尤其當你遇到「無明」與「無理」的人事物時，有理說不清，一旦被拖進去和稀泥，就算不沾得全身爛泥，也會搞得灰頭土臉。

遇上這種景況，你或許可以選擇「配合演出」，但你的心必須很清明的知道前因後果，清楚的映照出事情的本相，不能讓這些爛泥長駐於心。你要「染淨」，而不是「蒙塵」。

佛曰：「忍辱」，但這修行實在困難。忍耐就已經很要命了，還要忍辱？

在某個夏日午後，我曾看過這麼段插曲：

那天下午，有個揹著「都蘭國小」書包的男子，正咕噥著和郵局承辦人員交涉些什麼，但那位承辦的小姐似乎不能如他的意，於是他開始大聲起來，怒氣沖沖的辱罵那位小姐道：「我說國語妳也聽不懂、說台語妳也聽不懂、『哩洗低』（台語：你是豬）喔！」——原來，他想提領五十萬元，但郵局存摺和印鑑章都弄丟了！想也知道是不可能讓他提款的。

一旁聽著他們先前談話的人，各各都很清楚是這名男子在無理取鬧，但一聽到他這樣大聲辱罵，當下卻沒有半個人吭聲。卻只見那位小姐還是心平氣和地解釋道：「先生，郵局存摺和印鑑章遺失要回立帳局處理……。」但這位「都蘭先生」卻全不理會，反而一直大聲地咆哮道：「叫你們裡面最大的出來處理啦！你們這樣很不便民耶……叫最大的出來……」

這位「都蘭先生」的太太其實也在一旁，只見她無奈地杵在那兒，手裡還抱著一個近一歲的小寶寶。對她，心中不免升起了一點憐憫之情，真不知這位太太平日是怎麼度日的呢？而那位櫃檯小姐的高ＥＱ更是讓人敬佩。如果她當時忍不住回嘴、或是也發起了火，那局面一定會變得不可收拾；說不定一吵起來，上了新聞，她還得因此背上申誡的處分呢。

其實，有的人天生就是喜歡「找人吵架」。渾身沾滿火藥，活像根火柴棒。整天借題發揮、無中生事，如果不幸成了他的目標，沒有高超的ＥＱ是無法全身而退的！

你要了解，誰對誰錯，旁觀者心知肚明。但問題卻在於當事人要如何去面對、處理與消化那些「不公平」的心結。如果今天換做是你我，我們或許早就忍不住破口這麼罵道：「都跟你說了，你還不懂。一直盧，到底誰才是豬腦袋！」

佛曰：「凡所有相，皆是虛妄」。高ＥＱ，其實就是對任何的外界幻境不動本心，不陷愚痴。「忍辱」難，所以我們更應要「鍊心」，將所有的言語暴力、委屈與不公，都消化為正面的能量，以達到「他來自他來，我自不動如山」的境界。

面對順逆，就像是在「修學分」，無論多苦都要從中學習成長，究其理而得其智慧；修身養性、活在當下，相信：「福雖未至，禍已遠離」，當起心動念之時，無論是貪、瞋、痴，或衝突、或執著，都不妨自問：「我可要為了你，壞了我的千年修行？」

「事悟而後痴除，性定而後動無不正。」菜根譚如是說。

淨．心

當你著急時，你會看不到出路。雖然出口一直在那兒，但閉著眼、橫衝直撞，又怎能找到出口？

靜下心，張開雙眼，出口其實就在前方。不需要問人、不需要導航，你所需要的，只是澄澈心靈，抹去那些遮掩道路的迷霧。

迷路的人，總巴不得別人指引一條明路，於是你張口就問，卻從不靜心思索、也不試著走上幾步。但是，旁人真能了解你的處境？你又怎知他們不也是在迷途中跌跌撞撞？

出口，一直都在。張開眼，你就能看見。

但，要怎麼讓雙眼睜開呢？

或許，我們該問的是，雙眼為何會閉上？

因為，你的身體和心靈分開了，你的外在和內在分離了。於是，你無法協同一致，你的「分裂」讓大腦找不到心中的答案。意識的崩解讓雙眼無法睜開。

你不斷地和自己戰鬥，你在消耗自己的能量，外在的你和內在的你無止盡的拉扯著；你贏了、你也輸了，你無法贏過自己。你在自我的拉鋸中陷入迷惘。接著，錯亂隨著分裂降臨，情緒跟著錯亂暴走，憤怒又帶來了懊悔，最後懺悔伴隨著空虛與無力讓你再度醞釀了下次的爆發。一次次的惡性循環，逐漸蠶食消弭了你的人生。

何必呢？為何要將自己一分為二？

外在的你，屈服於生存的壓力、世俗的眼光，你戴著面具，壓抑著情緒，為生活所需打拼；但你是空洞的，因為你失去了內在的你，另一個活生生的你。你恰如其分的扮演著各種別人期望的角色，卻演不好自己內心唯一的自己。

夜晚來臨，那些平日壓抑的終於蹦了出來，它在你的潛意識、你的夢中，偷偷地釋放……。內在的你並沒有死去，你仍有機會讓自己合二為一。請試著在每天睡前將它導引出來吧，這是很重要的「沐浴」與「淨身」。洗去心的塵垢，回歸根本之道，重新找回那個失落的自己。讓內心告訴大腦答案，讓合而為一的你重新張開雙眼，用覺知的光輝衝破迷途的黑暗，一燈能破千年暗，讓那些不存在的陰影和恐懼回歸於虛無吧。

「莫把佛法當涅盤」，一切能用言語文字能表達的，都不是真正的禪機。不要盯著別人的臉，卻妄想照出自己的輪廓；不要問了他人的道，就以為找到了自己的出路。所有「他說」、「偉人說」都不過是「旁門左道」；「自性即佛」，六祖云：「菩提只向心覓，何勞向外求玄」。旁人眼中的你、他人口中的你，都只是一把把切割你的利刃。別再讓它們將你分割了，答案其實藏在你的心中。

愛你自己，才能成就愛人。當你洗淨塵埃，找到自我，你就能成為一朵散逸清香的花朵。你不用追尋幸福，因為幸福自從爾身散出；你不用再為了他人而努力，因為當你散發出玫瑰的芬芳時，又怎會有人要求你長成他心中的百合呢？

家庭篇

家，如果是避風港，
那也是基於彼此的包容與陪伴。
計較著對家人的付出，
為何從不想想你得到了多少。
愛，無價。
點點滴滴的互動，
才能交織出家庭最堅實的安全網。

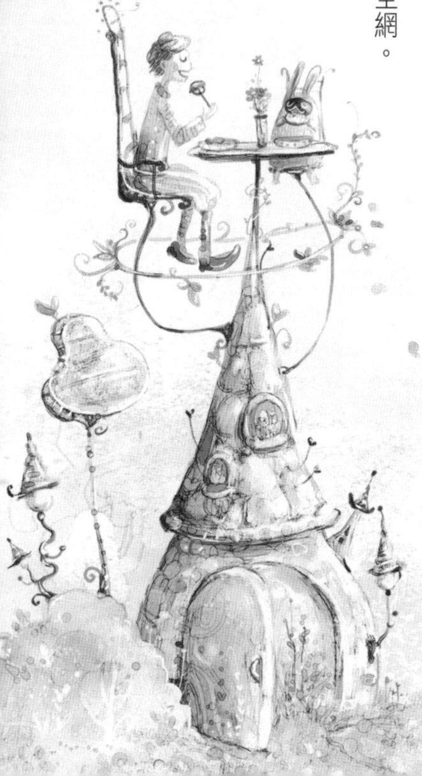

家的味道

天啊！我竟然有這個味道！

以前總認為，女人的身上要乾乾淨淨，散發出合宜的香水味，再配上些端莊的服飾，顯得既高雅又有氣質；相反的，如果衣著不修邊幅，還散發出「煮過飯」的廚房油煙味，那可真是標準的「阿桑」了！

這個味道，記憶中常常在媽媽的身上能聞到。那時的媽媽不但忙於工作，還要打理我們的三餐、載我們上下學外加補習……那是種愛的味道，是媽媽為我們犧牲青春的味道！這種味道，是把我們扶養成頭好壯壯——頭還好，但身形壯壯的味道。為了分擔媽媽的工作量，我們姐妹也都曾在小的時候當過家裡的「廚工」，身上也都有過這種味道。對於這種味道，既熟悉、又恐懼。

唉，當我還沒準備好時，一天，我卻在自己身上聞到了這股熟悉的

味道。

長大後，忙於事業的我，根本不太需要走進廚房。剛結婚時，有個體貼又挑食的老公負責張羅，不管吃家裡還是買外食，全都由他決定。而我也只顧著在職場馳騁，沒空、也沒機會下廚。

但隨著家庭成員的成長，為了穩定家庭和養育小孩，我漸漸淡出了職場，把個人的「自我實現」擺到了一旁。而後，隨著我家的Ｂ＆Ｑ逐漸長大，我開始走進廚房，並從中找到了忙碌的快樂。

每當我看到ＢＢ大口大口地吃著，ＱＱ也在一旁「飯飯、湯湯」的叫個不停，就會有種不同於職場成就的滿足感湧上心頭；更難得的是我那個超級挑嘴的老公，他從原先對我擺上餐桌飯菜的不屑眼神，到現在能夠一次吃上好幾碗——這種征服的成就感，就像在職場上擺平了一個奧客一樣，讓人精神百倍。

一天，用過晚餐。梳洗過後我灑上香水，準備去參加一個學生的聚會。開著車，播著我最愛的音樂，心情真是無比愉悅……突然，我聞到了一個味道！是從我手上傳來的，是菜刀拍碎大蒜、炒菜的油煙味、過濾豆漿的豆渣味、外加洗碗的洗潔精的「阿桑」味！縱使我用了肥皂洗手、沐浴乳沐浴……它還是頑固的飄出了那「一縷幽香」！

我嚇了一大跳！我？怎麼有了標準的「阿桑」味？

沿路，我一直重覆地聞著手，左手聞完換右手，兩隻手輪流著聞，大口大口地聞。但不管怎麼聞，它一直都在！以往我自豪的「第二張名片」，那雙既柔嫩又白皙的「玉手」，如今居然已經出現了乾燥的小細紋！

我的天啊！

我突然想：如果以前職場上的可敬對手，發現我竟成了歐巴桑，在家煮飯洗衣帶小孩，不知會有多高興？如果曾對我寄予厚望的老師們，發現事業心超重的我竟甘於家庭主婦的生涯，不知會有多失望？如果曾在課堂上聽我雄心壯志、慷慨激昂地分析商場詭詐的學生們，知道了老師現在可能是拿著鍋鏟或菜刀在接電話，不知會不會精神錯亂？

一想到這些，不免令人傷心……

但這時，我家那兩個寶貝B＆Q和老公的笑容，就這麼適時的從腦海中浮

現。我想，如果孩子們知道他們的好媽媽、老公知道現在的好太太，是用這麼多代價換來的，那他們會是多麼的高興和珍惜啊！看著這雙曾經美麗過的手，多了幾道細紋，也不再白嫩，並散發出標準「阿桑」的味道；但我想，這是一種無可取代的、幸福的味道！於是，我在味道中陶醉了起來……。

親愛的朋友們，如果妳也為了家庭做出某種程度的退讓，那妳真的是很勇敢，而這一切必定是值得的；如果你的太太為了成全你而做出某些調整，那你真的很幸福！請記得，有一天，或許該是換你去成全她的夢想！

人生有很多個階段，我們的角色都必須適時的調整，現在的蟄伏是為了照顧下一代，但也不要忘記累積自己實踐夢想的能量；不要「犧牲」自己，也不要強迫他人去「犧牲」，最好的關係是在互相協調中產生，而不是用強迫換來的。接受他不願接受的狀況，學會在生命中找到幸福的可能。

教育的「投資報酬率」

「今天這麼早就在洗車庫啊……」隔壁的鄰居順口和我打招呼。我們家平時都是「深居簡出」，和每個鄰居出入的時間也都不大不一樣，例如大家下班的時間，都是我們載小朋友去補習的時間。因此彼此總難碰上一面，鄰居看我們常常門戶緊閉、燈光昏暗，還有人曾好奇的問我：「你是這兒的住戶嗎？」我們一家人對鄰居來說，可真是有些兒「神秘」。

「妳的老二是女兒？」鄰居這麼問道。我心想：是啊，她都快五歲了你還弄不清楚啊。

「整個社區就不見妳的小孩出來玩……」他接著疑惑的說。

「因為沒有同年齡的小朋友，又要補習才藝什麼的，就沒什麼機會出來玩。」我有點尷尬的回答著。

「我跟你講，我們過來人。跟你說，教改無論怎麼改都沒有用，沒有人會去管音樂體育美術的，除非變成了考試的項目……」聽到「補習」兩字，他突然略顯激動的說了起來。

「考試？這些科目變成考試就會變質了。」我驚訝的回應道。我猜想：又是個求好心切、注重成績的傳統台灣家長吧。

「我跟妳講啦！那個音樂教室的老師託我作媒，我才知道她從小到大學鋼琴，花了他父母多少錢。結果現在在那個音樂教室，每個月才領二萬多塊錢的薪水，妳說，這樣學音樂『有什麼用』啊？不如努力唸書考試，當個公務人員……」嗯，或許純粹以這個論點來看「投資報酬率」，他說得沒錯。

接著，他把自己的兄弟姐妹搬將出來，當成個現成的例子。他說，「學歷是逼出來的」，例子就是他的姊姊。聽他說，姊姊大學重考了五年才考上！我問：「咦？她很喜歡讀書還是……？」他大聲的回答：「沒有！就是不會讀才逼她讀……」

接著他又繼續佐證「逼讀」有多重要，我雖然不停地點頭，但還是忍不住回應道：「這樣好可憐……這樣孩子太可憐了……」但他卻說：「我兒子不讀，我就『陪讀』，讀到十二點、一點，我盯在他旁邊，看他讀不讀。」

唉，這聽起來實在太辛苦、太可怕了！

其實，家長的責任應該是負責「導引」孩子，而是不是「逼」著他們去做什麼。兒子剛上小一的時候，我也曾試過「隨侍在側」，但當我發現我們其實只是在「互相折磨」後，我就漸漸放下了。不過，這放下的過程是循序漸進的，不可以一次全放，而是要在旁『看著』；但請千萬忍住別插手，否則就破功了。

兒子什麼時候考試、什麼時候交作業……等，那完全是「他的事」！要讓他清楚的了解這一點。家長所能做的，只是協助他「不會」的部分，而不是追在他後面幫他準備、練習、複習，一副標準的「擦屁股」模樣。我告訴我的孩子們：考試是測驗你的「學習成果」，錯了，事後才能把它學得更好；同樣的，若是忘了帶東西到學校，也不要奢望我會幫忙，因為被處罰，他才能學得教訓——所以直到現在，孩子們可從來還沒有發生過落了東西沒帶的狀況呢。

兒子曾說：「媽媽在我二年級時就把我『放棄』了……」我聽了狂笑不止，我想他的意思應該是「放下」吧！從小，我們就讓他懂得獨立的意義，他很明確地知道，自己未來的生活是由他自己所掌握，父母是「支援」他的「資源」，他要懂得「運用」，但卻不能「依賴」！這些想法是在平日一點一滴建立的，直接講他肯定聽不懂，要用很多的故事、很多的心思，還有看到的新聞、遇到事件時的「機會教育」來啟發他。

所以，我們教導了兒子很多課本以外的事——課本以內的事我從不必為他擔心，因為他可以自己讀，也有學校的師長可以協助，父母只是最後的防線——我們平常聊星星、月亮、太陽、樹木、花草、動物，有的沒的，就像是一對談得來的朋友，而他現在才十歲！有時我遇到問題也會去「請教」他，往往會得到思維框架外的寶貴答案，有句話不是這麼說的嗎：「遇到問題時，問問孩子吧！他們剛從上帝那兒來，比較接近真理。」

正當我一邊聽著鄰居吵架，一邊卻為著自己的教養方式得意時，鄰居的太太正好回來了，她才剛送完孩子去上學。不料，前腳才踏進家門，電話鈴就馬上響了起來；原來是他們的小女兒忘了帶課本，要媽媽馬上幫她送去……。

看來，我的教育方法沒錯！原本還一度擔心是否自己太過於天真，但在看過了鄰居的狀況後，卻堅定了我的信心。一旁安靜澆花的伯伯也突然把我叫了過去，小聲地說：「不管他的！妳這樣教育才是對的。」

正確的教育，在我看來，是一件在短期之內可能看不到任何成果的投資，根本沒有「投資報酬率」可言。但它的「後勁」很強！當它開始成熟時，產生的力道，可能遠遠的超出你的想像！所以，選對方式後，義無反顧的堅持下去吧！

陪伴・無價

「媽媽……我想和妳商量一件事……」發燒中的兒子，用哀求的表情這麼跟我說著。

聽到「商量」兩個字，感覺有點熟悉又恐怖，因為我和老公小的時候都用過這一招。

「啥事？說來聽聽……」我故作鎮定的回答。

「……我……可不可以不要去『冬令營』了？」兒子ＢＢ紅著臉說。

「我也不要去幼稚園了！我也要在家裡陪哥哥。」女兒ＱＱ則在旁邊一直跳著瞎起鬨。

一想到Ｂ＆Ｑ這對兄妹的吵鬧功力，再想想最近好不容易平靜下來的「悠閒」生活，我不禁遲疑了起來。「讓我考慮一下吧……」這真是讓我為難啊！

之後，兒子高燒持續稍了兩天，我不禁開始懷疑，難道這其實是某種心理因素造成的嗎？

「醫生！光喉嚨發炎有可能燒成這樣喔？」我用狐疑的語氣問醫生，「有沒有可能是因為想逃避某些事而造成的？」我這個媽媽，可能是社會新聞看太多了！

看著發燒的兒子，再加上ＱＱ妹一直用著他的超強電力，不停放送著：「媽媽愛我，我覺得『好幸福』喔！」我終於還是招架不住，心一軟，就幫她向幼稚園請了一個月的寒假。反正照看一個和照看兩個，似乎也沒什麼差別？只是我還是擔心這兩個小搗蛋會打亂我的生活，看著「計謀得逞」的Ｂ＆Ｑ兄妹，我有點惴惴不安的告誡著他們道：「但是你們可要跟我好好『配合』嘿，不然我隨時會反悔唷！」

不過幾天下來，其實一切並沒有我所預想的那樣恐怖。平常週休二日，自己帶著總感覺很累，現在想來，或許那是因為我只用「半投入」的狀態在照顧他們吧。但這次不同，二十四小時的「完全投入」，事先商議好的「約法三章」，以及絕不心軟的絕對執行，一切都順利極了。

我們一同規劃好的行程其實很簡單：早上是閱讀和生活體驗的時間，一起說說故事、切切菜、洗洗水果；中午就讓他們簡單睡個午覺，而我則利用這段時間寫寫文章、回覆些信件。通常BB會比較早起，他會自己先玩電動也不來吵我，而等到QQ起床後，就是我們戶外教學的時間了；下午，我帶著孩子們去外面的公園走走，曬曬太陽，吃點下午茶，隨性的就沿路的事物機會教育一下。等老公下班後，就是一家團圓的晚餐時段。雖然像是過著「流水帳」一般的平常日子，但對照起之前忙亂的職場生活，現在的感覺反而更像個「生活」！

記得曾經看過7－11總經理徐重仁的著作《改變一生的相逢》，回想起來，讓我印象最深的不是那些成功的方法，而是書中這麼一段記述：「……我對兩個兒子的成長過程是一片空白，不知道他們是如何長大的……」有這樣無我、無家的犧牲，無怪乎小7的店面不停地拓展，徐總經理實是整個企業之福。但是，這難免令人感到有些遺憾，尤其是對他的家人來說……。多少妻子

「悔教夫婿覓封候」，老公在外奔波，是為了讓妻兒過更好的生活，但這「更好的生活」中缺少了父親、丈夫，「好」又從何而來？

那天，牽著BB和QQ在水上的北回公園吹風時，我突然想起以前拚命的工作的日子。那時為的就是「賺很多錢」，希望賺到錢以後，可以帶著小孩過我眼下的生活：可以一起閱讀、一起生活、一起運動、一起曬太陽、一起玩要……但是這樣的生活為何要「賺很多錢」？

原來，當時的我們都錯了。我們都活在未來、活在想像的希望之中，忘了把握當下，創造real moments！

幸好，還來得及。就像我現在即時把握一樣，幸福其實唾手可得，只是我們眼睛總是看著遠方而忘了近處。

所以，追求家庭與事業的平衡，成了我最重要的人生課題：我不想在子女的成長過程中缺席、但也不想讓自己的生涯發展只剩空白，幸福的生活應該是建立於兩者的平衡，雖然它們總有衝突之處。所以，人生少不了自我摸索的過程，什麼是你要的生活、什麼是生命的最大意義？弄清楚這些基本命題，這樣在追求成功的路途上才不會偏離主要道路。

卸下了工作曾給予的虛幻光環，我才發覺到生命的另外一面。以往，看到豪門巨賈會產生「大丈夫亦若是」的心志，總是過度提取腎上腺素，老弄得我自己心神不寧，最後往往陷入很深很深的空虛感。翻開那時的日記本，句句均是否定自己、驅策自己的負面話語！現在看了，才醒悟到當時真是可憐！

花了很多的力氣調整人生，過程之苦無法言喻，但走過之後，再也不願意回到過去那樣的生活。是一種蛻變嗎？我不知道。但我喜歡現在這樣腳踏實地的生活。珍惜每一片刻的當下，用好奇心打開心靈的探索頻道，重新發現了不同的BB和QQ，也和老公再一次戀愛。這是一種很快樂的學習過程！

今天的下午茶要去麥當勞呢！是對孩子們表現良好的獎勵。我要準備外出、迎接今天的驚喜囉！

你殺死了一個「吳季剛」

那天，老媽把我那五歲的女兒ＱＱ妹摟在懷裡，溫柔的跟她說：「以前妳的媽媽啊～阿嬤也是這樣抱著愛喔～」我聽了在一旁直翻白眼，打趣的說：「才沒有咧！以前阿嬤用洗澡盆的水，從媽媽頭上整個給它澆下去，是一個『暴力阿嬤』！」

這個「小樹澆水」事件，是我開老媽玩笑的最好用的回憶。不過事件的原委其實我早忘了，只記得那時的老媽剛好在幫妹妹洗澡，當時的我可能也還小，愛玩，也不知是犯了什麼「滔天大罪」，竟然讓老媽氣得從浴室端出整大盆洗澡水，把站在客廳的我淋了個通體「暢快」！

「妳小時候很皮的好不好！」老媽可不承認自己「虐待」幼兒，反而怪到我頭上說：「妳一定很可惡，我才會這樣教訓妳啦。ＱＱ！阿嬤跟妳講，妳媽媽小時候把阿公的西裝布拿去做枕頭，被揍了個半死。妳看媽媽有沒有很皮？」老媽居然在我家女兒面前告我的狀！

哈，說起來，這可是我小時候「調皮史」中的代表作呢！

從小，我就長了一副乖乖臉。還記得老媽想跟小一老師警告我是如何調皮搗蛋時，老師都會這麼回道：「不會吧？這小孩在學校很乖呀？」然後，我就會露出史瑞克裡鞋貓的招牌動作——水汪汪大眼——一臉無辜。「這孩子已經算很乖了啦」老師總是會這樣告訴老媽，雖然老媽一點也不能認同，但我其實真的很乖啊！只是在有些事情上，我會很有自己的想法，因此總被認為叛逆……。

說到把西裝布拿去做枕頭這件事，發生在我國小五年級的時候。當年我實在想要一個「午安枕」——就是中午在學校趴著睡時的小枕頭——但老媽卻總是不肯買給我。於是某日，當我在媽媽的大衣櫥裡玩「尋寶」遊戲時，就發現了一個「完美好物」——一塊方方正正、很漂亮的布，當下我的大腦立刻把它和午安枕串連了起來，這實在是個完美素材。於是我找來了剪刀和針線，把這塊「體面」的布變成了我的豪華枕頭。隔天，我抱著這個枕頭，睡的可真香，醒來後還不忘跟同學炫耀道：「這可是我自己做的喔！」跟同學炫耀還不夠，得意洋洋的我，回家後還不忘跟老媽再「現寶」一次，也好讓她知道自己的女兒有多厲害。誰知道，這才是災難的開始……。

老媽一看到這顆枕頭，立刻「啊！！！」的大叫一聲，連手都不禁抖了幾下。當時的我還傻傻地想：「我不過是稍稍展露一下手藝，有需要這麼誇張的『稱讚』我嗎？」當我還在「自我感覺良好」的胡思亂想時，老媽卻突然破口罵道：「妳完蛋了！這是哪裡來的？」「從衣櫥裡拿的啊…我看你們又沒有在用，我就……啊！」我話還沒說完，老爸就已經拿起棍子追著我打了。

「好好的一塊布……」爸媽欲哭無淚地看著那塊西裝布研究了起來，但最後結論卻仍是只能作廢……。從此，「大主大意」（台語：擅自作主）就跟著我，直到長大。「叛逆」還真的需要一點天份！

老媽提到這件陳年往事，老公在旁笑個不停，我假嚴肅地說：「老媽！妳當年殺死了一個未來的設計師喔……」么妹開始和我一搭一唱的說：「如果

當初妳鼓勵大姐，說不定她會成為一個很出色的設計師呢！」「對啊對啊，如果讓妳成為設計師，現在哪輪得到『吳季剛』出來混。」老公也來參一腳。「所以啊！當初老媽沒有『正向思考』啦！妳埋沒我的才華了啦。」我們這麼一唱一和的，老媽聽著也快笑死了。一件陳年的往事，用不同的角度來解讀，居然又變得更加有趣了。

親愛的朋友們，如果你是家長，請你正面一點看待孩子的「創造力」吧。西裝布常有，但吳季剛可是百年難得一見啊！

成為孩子的榜樣

教育小孩，始終不是一件輕鬆容易的事，因為我們都是「當了家長之後，才開始學習怎麼當家長」的。孩子們就在我們還「不成熟」時，被幼稚的我們所教導。你說，世界上還有什麼事，比被瞎眼的教練教導射箭還要恐怖？

更危險的是，我們往往為了維護「教練的尊嚴」這種虛偽的面子問題，不肯承認自己是瞎的。於是我們隨口指教，甚至不准孩子們自行瞄準，自己卻可能比了一個錯誤的方向讓孩子們瞄準，而這也影響了孩子們未來的瞄準能力。沒有機會看到「明眼教練」的孩子，只能跟著瞎眼教練依樣畫葫蘆，過程中產生的困惑，通通被高壓的聲音所淹沒。

很多人帶小孩去買東西時常常會說：「要吃什麼自己選……」但是，當孩子們說：「我要這個。」父母卻又會說：「這個不好啦！選那個比較好。」

「可是我比較想要這個啊……」最終，孩子們往往也只能無奈的接受父母的決定。

我也曾經這樣「假開明」，但很快我就發現，孩子們最後會變得「自動放棄」選擇的權利，然後消極的說：「妳決定就好！」這樣的回應讓我警覺到，我應該放手讓小孩自己決定；就算這個決定有錯，只要無傷大雅，都應該讓他自己去經歷、去學習這些錯誤。父母的責任是事後分析、指導善後，而不是事事囉嗦，讓孩子們喪失了選擇與學習的機會。如果不願意讓他們從這些小地方開始學會選擇，當他們日後不得不面對抉擇時，選錯科系、選錯對象、選錯工作……那不是嚴重得多嗎？

嘴巴「開明」的父母，其實都替小孩決定了一切。等到上了「大學」，非得要選個科系時，被壓抑到沒有「自我空間」的小孩，不是無從選擇的「依照父母意見」、就是不知道怎麼選的「沒意見」；相較之下，比較有想法的小孩才會和父母「起衝突」，衝突是件好事，這代表他是個獨立的人，不是父母的影子、複製品、甚至是傀儡！雖然和孩子的想法不同，會讓不少父母產生巨大的失落感，甚至讓親子關係走上了歧路；但在你事無鉅細，凡是都希望孩子照著你的想法來行動前，你是否應該先自問：「我們是不是一個不專業的父母？我們是否誤用自己有限的大腦和老舊的知識，強壓了孩子的無限潛力和無垠未來？」

你「只是」一個「爸爸」或「媽媽」！所謂的「稱職」，是你需要清楚孩子們在翅膀長硬前，自己該有什麼責任、應盡什麼樣的義務；同時你也要了解到，父母只是一個「名詞」、一個職稱，你沒有「權利」去「支配」和「影響」你的孩子！

回想起和某位鄰居交換教養孩子的心得時，他說：「日本人會拿香蕉給小朋友吃，然後告訴孩子們，這個美味只有台灣有，讓日本小孩從小就在心中立下『目標』，然後攻打我們……我也是用這種方式教導我的小孩，要給他們一個『目標』好誘使他們去努力。我常常告誡家裡的孩子，要有『未來』，就要『讀書』！」

當我聽到他的說法時，只有驚訝能形容我當下的感覺。雖然我沒有資格

去評論旁人如何教育他的小孩，但這種目標導向、功利至上，甚至還牽涉到侵略、掠奪的思維邏輯，怎麼能視為孩子的教育方針呢？

知名主廚阿基師、世界麵包冠軍吳寶春……這些知名的成功者也沒有讀過很多書，但他們把自己的興趣和能力發展到最高點、並發揮了對社會的正面影響力；而有些讀過很多書的學者，學識對他們來說卻只是用來換取鈔票的工具，是非不分、黑白不明，無知的程度令人髮指。這樣的對比，難道還不能讓我們醒悟，讓我們了解到父母「功利化」的指導，只是對孩子們錯誤的引導嗎？

書本、知識只是一個追求真理的「工具」，既是工具，應該為我們所用，而不是使我們被它俘虜！不是嗎？我告訴我家的孩子們，最偉大的老師是自然、是人與人之間的互動，它們都存在著許多奧秘，需要我們去探索、去追尋，而無法從課本中求來。所以，我「不管」他的功課，但我們會要求他的「品德」；我從來不會因為成績而處罰他，但我會為了「扶正」他的思想和行為而嚴正管教。現在不教、不導引，等他以後走錯路，不是要更費心嗎？

常言道：「言教不如身教」，你有什麼值得孩子學習的地方？你有什麼資格給孩子下指導棋？

自己抱著電視不放，然後叫小孩「去讀書」或是「去睡覺」？一年看不到幾本書，然後叫小孩要「多讀書」？做事零零落落，但卻要求小孩事事「精準」？自己得過且過，但卻規勸孩子「要認真學習」？你經常用酒精紓壓，但卻要小孩「保持清醒」？總是怨天尤人，但卻要孩子「追求幸福」？

孩子在你的身邊，就如同身陷於黑暗之中，見不到太陽。那你卻如何能要他孤獨的去追尋光明？去追尋一個他從未聽聞過的幸福？你沒有讓他感到過幸福，那麼當他遇到幸福時，又怎麼能認得出幸福的模樣？

他所知道的世界，是由你架構出來的！

請給孩子自由成長的可能

看了許多親子教育的書，比如《孩子的成功99％靠媽媽的努力》、《我這樣教出資優兒》……等，常常都會帶給我很深的挫折感。和這些專家對照起來，自己對待和教養小孩的方式根本無法相比。這些父母生活重心全落在兒女身上，一下幫小孩安排課業、一下又要小孩參與競賽——想像一下那種生活，我覺得「好恐怖」！

在電視上看到一位知名運動選手的訪問，全家為了栽培這個選手，舉家遷移、露宿學校、睡地板……等，傾家蕩產就只為了這個選手的培訓，後來「幸好」這位選手有了好成績，父母自然也就對這些付出甘之如飴！看畢，我一方面很敬佩這對父母的努力，另一方面，我卻忖度著……自己能不能也做到這樣呢？

「欸，老公我問你，你能為孩子們這樣犧牲嗎？」「嗯……我不能……」他心虛的答道。我想，我應該也做不到吧……畢竟我們只是凡人，電視上出現的那些對談，看來也只是場戲，一點兒真實感都沒有。

但雖然如此，我們也不免對這種「無悔的付出」印象深刻，我們一邊談論，一邊也產生了好多的問題：「這樣那個孩子快樂嗎？」、「那他的功課，還有其他的休閒、生活怎麼辦？」、「他以後不就只能靠這個吃飯？不然一整天都在練習這個運動，還會做別的事嗎？」、「如果全部都投注在孩子身上，他若沒有成功，這個家庭要怎麼辦？」、「資源全部用在他身上，對家庭的其他成員公平嗎？」、「這樣對孩子的壓力會不會太大？難道不會因為不敢辜負家人而產生自殺的念頭嗎？」或許這些都只是凡夫俗子之見，但卻是最關乎現實的問題，不是嗎？

天下有幾個家庭，就有幾種教育法；有多少人，就有多少種個性。一個人有時也不單純只一種個性，更有可能陷入自我矛盾的人格分裂。適合甲的不一定適合乙，適合這個國家的不一定適合那個國家，適合那個時代的不一定適合這個時代！所以人的不完美其實天經地義，最完美的家庭、最棒的才能、最有價值的教育方式，這些通通都不存在。

犧牲了這個、成就了那個，這樣真的是對的嗎？人的一生，就只耗費在某一種運動或某一種才藝，值得嗎？把自己的孩子訓練成某一種領域的「機器」，是一件值得推廣的事嗎？

每當國內又出現了哪一種國際桂冠，「台灣之光」立時就會在媒體上大幅報導。每個家長自然也都希望自己的孩子也能成為新聞報導中那位耀眼的人物；但是，平衡發展的人生，難道就不值得擁有嗎？

真的令人不忍。那些還沒有判斷力的小孩，卻被灌輸了以「世界第一」為人生唯一目標的想法；他們犧牲了孩子該有的青春活力，成天就只跟著一顆小小的球或是一種樂器為伍，放棄了所有其他生命的可能。即便最後真的成了世界第一，那些曾經失去的，又是否能回頭彌補呢？

又或者說，他們從這些「世界第一」回到正常的生活之後，又是否還能擁有正常的生活能力及判斷能力呢？他們得的「榮耀」，是否能夠成為支撐他

們接下來的生活的動力？

我們對孩子要求完美，但反求於身教，父母自己卻從不完美。父母是人，人都會有缺點、有情緒、有盲點，要在小孩的面前永遠鎮定、平和、理性，對承諾永遠堅定、對負面情緒永遠陽光、對小孩的關照永遠公正，這幾乎是不可能的任務；不在孩子的面前吵架、保持不變的愛的教育……天啊！如果當父母要考執照，我想天底下沒有幾個人可能拿到證書！

我不是個完美的媽媽，只是個還在努力學習的媽媽；我不是個完全以小孩為主軸的媽媽，但他們也是我比重很大的生活重心；為了他們的成長，我也延緩了我的個人生涯規劃。就像孔子所說的「不患寡而患不均」，其實投入的多寡與否並不重要，重要的是要在生活中取得平衡。每個家庭都有著不同的狀況，無法看著書有樣學樣，也無法拿他人的家庭生活來和自己比較。我們要做的，是秉持著對家庭與孩子們的愛，並避免蠟燭兩頭燒的無力就好了。其實事業與家庭，是個比重問題而不是二擇一選擇題，不要把自己放在兩難的處境裡不就好了嗎？

話又說回來，有些人把事業上的精力和企圖心，轉變成對家庭的愛和向心力，他們用經營企業的手法來經營子女，這種太強烈的愛，必定會壓得子女喘不過氣。過猶不及都令人遺憾！

成為世界第一，是那麼必要的事嗎？透過機器式的訓練，我們或許都可能成為某一項專才！但是，如果父母如此，又有誰教孩子們「成為他們自己」？成為「自己」，才是一個人最大的幸福啊！

請幫助孩子「成為他們自己」，而不是成為你想要的樣子！

擊破的技巧

我不懂跆拳道，但那天我竟然裝厲害地教起了兒子如何擊破木板！而且，別懷疑，他現在已經可以百分之一百的擊破木板了！

某天，接兒子下課時，我順口問他道：「這次跆拳道的晉級應該沒問題吧？」他回道：「還OK啦，但是要擊破木板我實在沒什麼把握……」兒子擊破木板的狀況，可以說是碰運氣的成份居多，有時一次就擊得破，有時連續好幾次都擊不破，這代表著他完全不懂得擊破的「眉角」。

其實，「擊破」的道理和人生的某些道理其實是互通的，「你的力氣和焦點不能只放在『木板』，你要把目標集中，你的力道要穿透木板，你的力量應該是放在木板後的某一點。」回家的路上，我邊開車邊比劃著，試圖告訴孩子們這層道理。看著兒子似懂非懂的模樣，到家後，可憐的鞋櫃就成了我表演用的木板，兩個孩子坐在一旁看，看我這個不懂武術的媽媽是如何用表演應證我的「擊破歪理」。

隨著一次次的試驗，我確立了這個理論的無誤：當你的焦點只集中在木板上，可能距離會估算有誤，又或者當你帶著害怕、緊張、煩躁……等情緒時，出拳或踢腳的力道就會不穩，有時甚至只會擦過木板。這樣又怎麼擊得破它？但如果你把力道放在木板之後，穿透木板，將木板僅視為你的力量與目標之間的「障礙」，那麼它必定會破！而且每擊必破！

兒子聽過我的解說和試過我的方法後，對擊破的困難感頓時冰釋。原來，「穿透」是生命中很重要的一種力量，我們可以把它廣泛的運用在所有的關係之中，例如人我之間的自我防護就是一塊木板，如果自信不夠、能量不足、所知有限，你就擊不破別人的那塊「自我防護板」；但如果你把力道放在木板後的「心」，那木板不是形同虛設嗎？穿透可以讓你打破這塊木板，力量是百分之百，你的真心將可以直達他的內心！

穿透的力量，來自於內在的厚度！「外在」是別人看得到的「枝葉」，而「內在」是別人看不到的「根」，穿透的力量，就來自於這個深耕於大地的「根」，它緊抓著大地、吸取水分及養分，供給了外在的大樹枝繁葉茂的可能。就像我們要穿越木板、直視背後的目標一樣，當我們在耕耘自己時，我們更該重視的不正是我們的內心嗎？

和孩子們的這番「研究」實在讓我受益良多，我既是導師，卻也是從中獲得最多的學生。孩子們的天真、他們的困惑所帶給我的良性刺激，其實都帶給了我們成長，不論是對孩子、還是父母。其實擊破的道理在這裡也可以獲得應證：我們在教育孩子，但背後的真實是——我們其實也在教育著自己。

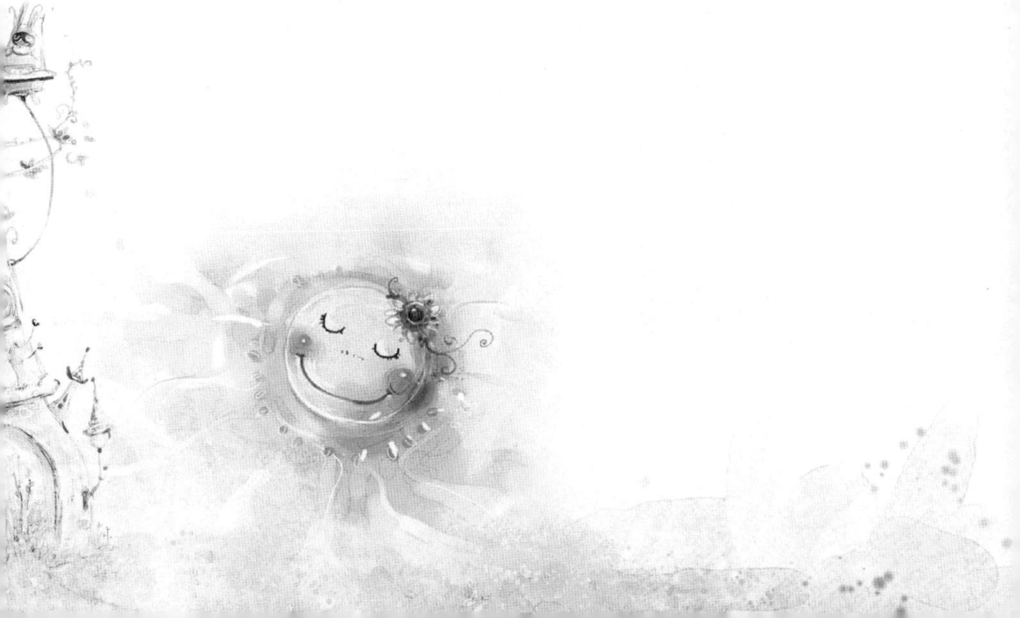

男人背後的女人

你怎麼可能因為一個女人的眼睛、嘴巴或是皮膚，而愛她一輩子？

你也不可能因為一個男人的憂鬱眼神或是結實的肌肉而愛他一輩子。

只有局部的愛，難以長久！永恆的愛、真正的愛應該是完整的，它包含了全部的一切：你愛的和你不愛的，你欣賞的和你不欣賞的……。因為美不會是永恆，心動也不會是常態，完美不存在於人世，面對變動紛擾的一切，只有不變的愛才是永恆。

他因為眼睛而愛上妳，也因為眼睛而離開妳——因為他可能再愛上別的眼睛。永恆的愛，來自於接受對方的整體。當他看膩妳的眼時，那些不愛的部份將全部浮現，這樣妳要他如何繼續忍受？妳們要怎麼一起生活，怎麼一起牽手走過下半輩子？

原本，妳愛他的男子氣概，忽視了那可能帶來的侵略與壓迫，因為那時的妳覺得那樣很好、很有安全感；但當妳從美夢中醒來，當你意識到那些壓迫與無禮是多麼令妳無法忍受時，妳或許會深深的懊悔，並在最後選擇了逃離——因為那些刻意被妳遺忘的一面並不會憑空消失。

有時，當初妳愛的那些，會是現在想要離開的主要原因。

女人愛上了男人的溫文儒雅，對那些舉棋不定的儒弱視而不見。於是當她需要一個可靠肩膀的時候，卻只能得到不安與無助。她或許不知道，男人當初是因為需要她的「強勢」與「主見」而選擇了她。

男人愛上了女人的撒嬌和依賴，小鳥依人，讓他感覺到「男人的尊嚴」。於是當他需要一個溫柔的支持、一對成熟與堅定的雙手時，卻只能得到無理取鬧與嚎啕大哭。他或許不知道，女人當初是因為需要他的「容忍」與「強壯」而選擇了他。

不論是男人還是女人，可千萬別把人看的單純了。一個人又怎麼會只有你眼中的一面呢？

最是可笑的是那些男人，總覺得帶個美女在身邊，就擁有了一種莫名的虛榮，你不在乎她是否賢德、明辨是非，更沒想到是否她能幫你把「家庭」這個事業操盤得當？是否能當你人生最強的守門員？他們只看外表，憑著一面之緣在挑選情人，但你千萬要明白：「好情人」不等於是「好老婆」！

這個女人，要在你最低落的時候和你甘苦與共；這個女人，要和你有著共同的價值觀，提醒著你正確的道路。如果你已經遇到了這個女人，請你全心全意的愛她；如果你遇到的是一個「大難來時各自飛」的她，那也請別傷心，你只是上了一課，老天只是讓你更看清楚婚姻與愛情的全貌，別灰心，重新找到那個背後的女人吧。

而親愛的女人啊！妳是把「流氓變教授」？還是把「教授變流氓」？妳把妳的男人怎麼了？妳讓他變得更好、更快樂、更愛妳、更精進、更明事理、更成熟？還是把他「毀」了？親愛的女人啊，請告訴妳的男人：「你專心的去征戰吧！我會在背後為你承接一切。」不要冀望在付出的時候就立刻有所獲得，付出是種成長，而成長就是妳最大的收穫。

一個男孩，會因為妳的柔軟、包容與智慧，蛻變成一個堅強、寬闊與成熟的男人！妳給他一個心靈可以停泊的港灣，他就還給妳一座堅實挺拔的高山！因為，一個男人，會在妳的愛之中誕生；一個男人，將在妳的愛之中圓滿。

這不僅是一種「美好的假想」，更是源自於物理學的原理：思想是一種能量，而所有的能量都以波的形式呈現，相同波長的相遇，強度會變成每一個波的強度總和的平方。也就是說，二個波加在一起的強度，是一個波的四倍，這就是「夫妻同心，其利斷金」的極緻表現。夫妻兩人同心奮鬥，遇到任何困難，兩人共同面對問題，這股力量就會像鋒利的刀劍一樣，就連堅硬的金屬可以砍斷，把困境解決掉而無往不利。

親愛的老婆們！妳希望妳的先生命運會是如何呢？那就得看妳是什麼樣的老婆！

親愛的先生們！你希望你的命運會是如何？那就得看你娶了什麼老婆！

他只是想要一個「老婆」

人說「夫妻相欠債」。我也曾深信不疑，如果不是真的「相欠債」，為何我們放著大好日子不過，不在家翹腳當姑奶奶，而要去當免費的菲傭及陪睡小姐？

最可惡的事是：男人得了便宜還賣乖！

「妳就是『修』得不夠，才會當女人！」老公曾用這句話深深的傷了我，不僅我自己得了嚴重「內傷」，他自己也換來了大小不一的「外傷」。

是啊！為什麼男人可以順理成章的在外「打拚事業」？而女人就要認命的在家當黃臉婆？而且如果能專心的當黃臉婆那也就罷了，在這個時代，女人能全心全意的在家裡相夫教子，已經算不上「有德」，反而只是證明了老公的「有才」，一個人就撐起了全家的飯碗——這實在不公平啊！

不過，婚後十年，卻逐漸有了體悟。人，尤其是女人，在婚後必須要完完全全的放掉自己，在坐上新娘禮車、媽媽端了盆水往外潑、丟下扇子的那一剎那間，就得要告別單身、褪去過去，一切歸零。這些看起來既不科學、又有點怪的習俗，其實是需要時間慢慢去體會的……。

我生性愛好自由，不想管人，也不想讓人管。結婚前，我活在一個除了事業還是事業的黑白世界，專注在自己的人生進程中。反正一人飽全家飽，我可以把自己的一切完全的豁出去拚搏。唯一會管我的，最多就是媽媽愛女心切的嘮叨碎唸，但只要耳朵一閉，也就沒事了。

但婚後，一切都變了調，我多了好幾個「頂頭上司」。以前可以很率性的活在自己往前衝刺的速度裡，結婚後，不行。我得要開始學習關心別人的感受、注意別人的狀況、放慢自己的腳步。這種「速差」讓我很錯愕，並且在當中掙扎了好多年。原本專心的我，做事連每一個細胞都投入去追求完美，但如今，完美卻無法企及，我慢慢的分裂了。我抓不到邏輯、找不到平衡點，我誤用「管理事業」的方式來「經營家庭」，我把「我」當成唯一衡量的準則，不符合標準的就是錯！所以老公錯了、婆婆錯了、孩子錯了，我的眼中，一切全都錯了。我活在委屈和自怨自艾的泥淖中，出不來。

但你知道嗎，生命本就充滿矛盾，想把特定的邏輯強加在生命中，只因為人事物跟你的想法不合就感到困惑，這種想法，才是真正的錯誤。為什麼生命必須符合你的看法呢？你必須去感知生命，而不是構思生命啊！

但那時候的我卻不了解這些道理。吵架、痛苦、失落，我浸泡在這些冷暴力中很長一段時間。當時我只要看到動物園的動物、籠子中的小鳥，就會如同見到自己一般，淚流不止。此時栓住我的不是鏈子，而是「孩子」。不必老公動手，我們女人就會乖乖地自動走進籠子。除非我能全然不顧「母親」的責任，否則面對涕淚縱橫的孩子時，妳又怎麼走得出那個家門？

分裂了，累了。我硬撐了多年後，卻仍是站到了家庭和事業的十字路口，我必須做出抉擇。一頭，是我從少女時代就開始努力用血汗堆砌而成的事業城堡；另一頭，卻是「無辜」的孩子和老公。牙一咬，我放掉了事業！這是一個跌破大家眼鏡的決定，「事業與家庭不能兼得嗎？」我默默在心底問了每個女人都想問的問題。

我曾怨恨過自己的「女兒身」，還曾經以「住在女人軀體裡的男人靈魂」來把自己灌醉。但其實，這一切都是我的錯！

一切都要追索到那個曾經深深影響我的「馬斯洛需求層次理論」，它把需求分成生理需求、安全需求、社會需求、尊重需求和自我實現五個層次，而我們一生所追尋的，正是最高層的「自我實現」。所以那些衣衫襤褸、有一餐沒一餐的藝術家們，他們如同梵谷那樣，用「自我實現」來欺騙自己飢餓的身軀。我也是如此，那是從我懂事以後就一直在追逐的地平線，始終沒有去思索其中的對錯。因為它是那麼的根深柢固在我的意識之中。

但有天，我才突然驚覺到，「自我實現」這四個字其實正是我「痛苦的禍首」，而我以前竟誤把它當成是「快樂的根源」！難怪我離快樂越來越遠。

「自我實現」其實藏有兩個很大的陷阱：

如果沒有「自我」，那還有什麼需要去「實現」呢？

如果我全然地接受了自己，我的存在已然實踐，那又有什麼是需要去

「實現」呢？

沒有「我」，那麼一切都是夢幻泡影，追尋不存在現實的「實現」，不就是如同菜根譚所形容的「影外之影」了嗎？

瞬間，我終於頓悟了。把一切不愉快完全放掉後，我終於回歸到最真實的、最純真的我。以前的我用盡各種努力想要飛起來，結果不但自己摔了個鼻青臉腫，還把周圍的人也拖拉得摔成一團；然而現在，當我放掉那些想飛的念頭，我竟然飛起來了！

外在的一切不曾改變，兩個孩子還是吵鬧蹦跳、老公還是常常逗我吵嘴。但以前莫名讓人心生惱怒的一切，現在卻越看越可愛。嘗試給生命強加上某種邏輯，你就會變得非常困惑，因為生命沒有義務要去履行你的邏輯。改變自己，才能改變世界，世界隨心而轉，它雖然不會改變，卻會因為你的心而映照出不同的面貌。

看著老公，這個原來我認定的「罪魁禍首」、一直指責為「人生絆腳石」的元兇，用另外一個角度來看，他竟然變成一個「新好男人」！這麼多

年來，他並沒有錯，他只是想要一個「老婆」！誰想娶一個「女強人」回家伺候？誰想在晚餐全家共聚的時刻卻老看不到老婆？誰想每天都吃「老外便當」？誰又想和一個老拿「我這麼努力工作，還不都是為了這個家」為藉口的老婆生活在一起？

我錯了，我看不到唾手可得的幸福，卻一直奢盼著自己幻想出的未來可能。我可以等待我的幻想，但我的老公卻只能等著他的老婆。我們倆的爭吵，只是兩個得不到糖的孩子彼此哭鬧，現在想來其實有點幼稚。

回頭承認自己有錯，對於好面子的人而言，簡直就是要了他的命！但是，我就是「死了」，所以可以非常坦然的跟人分享那個「死去的我」。不過是個「舊殼子」，幹什麼執著放不下？我就是用「看垃圾」的心態去面對那個死去的「舊我」。垃圾最終成了「資源回收」的養分，於是才有現在的我存在，不是嗎？

再生之後，我的老公終於擁有一個老婆，兩個孩子終於擁有一個媽媽，雖然以前我那雙只碰保養品的雙手現在因為洗碗精而過敏起紅疹，不再白嫩，但當我能端出一片完美的乾煎虱目魚時，那種踏實的安然，也只有走過來的人才能明白。

白雪公主和白馬王子找到了那個相處的平衡點之後，從此過著安樂太平的日子……。

讓你贏，也無妨

我們看過的世界地圖，大多是中國、台灣在中央，歐洲、非洲在左邊，美國、加拿大在右邊，澳洲、紐西蘭在中間的最下方的那種版本。

不然還有別的版本嗎？當然有。

澳洲人說，為什麼我們在最下面？所以澳洲、紐西蘭的世界地圖，和我們的完全不同。他們在地圖「最上面」。第一次看到時，坦白說，真的很不習慣。

原來，每一個國家繪製的「世界地圖」不同，但「世界觀」卻都是相同的：「我們就在世界的中心點」。為此，我還訂購了一本世界地圖集，準備要好好的來欣賞每個國家心中各自「唯我獨尊」的世界！

或許，我們真的只能先從自己踏出觀察世界的第一步吧。但是當我們跨

出去了之後，是否仍是要如此唯我獨尊呢？

……「你就是想贏！」老公憤怒的說。

在陷入低潮的那段期間，每每和老公吵架時，我把我僅有的那一點點兒「聰明才智」全用來對抗他。因為那時的他是那麼樣的「沒道理」，我是那麼的「對」，就算「打不贏」，也要「吵贏」！

其實，就算讓他贏了又會如何？似乎也沒關係吧。但人就是會困在「嘸甲意輸欸感覺」中，完全就只是奇摩子的問題，無關乎誰對誰錯。

後來，我花了一段時間做「心靈的流浪」，試圖去找回失落的自我。過程雖然艱辛，但十分值得。慢慢地，當我再度回到這個世界後，想法改變了，以前那些爭吵、互相傷害，現在看來就覺得好笑。「我輸了，你贏了，這是你要的勝利，你拿去吧……。」我不想要浪費心思再去玩那些攻防的遊戲了！現在每當我和老公出現爭執時，我總會這麼想，然後哈哈大笑的輕鬆帶過——我從爭吵中獲得了解脫，而那個存心和我吵架的人啊，雖然我沒看到他的表情，但他當時一定是很「失落」吧！

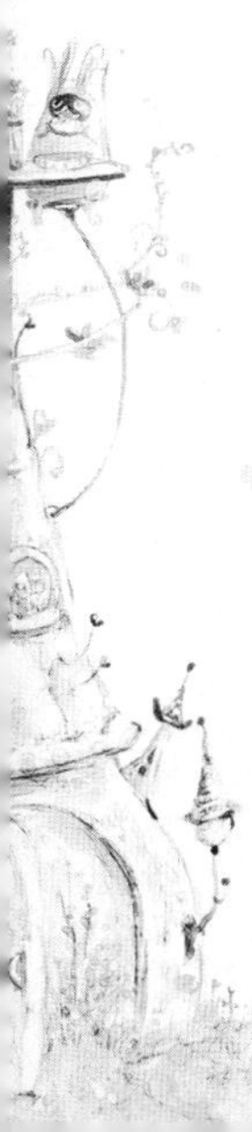

外在世界無損於人的內在品質，想贏？那就讓你贏吧！我才不要浪費時間在無謂的爭執之中。贏了又如何？輸了又如何？頭一低，就讓你得逞吧，反是省了我不少功夫呢。

老子說：「不敢為天下先」正是道家的精華「無欲無爭」。當你的念頭太多，什麼都要爭、什麼都要贏，那麼痛苦當然也隨之而來。為了要勝出，為了要與眾不同，我耗費了太多的氣力去鼓起「勇氣」、去逆流而行。其實，臣服於生命之流，勇氣反而源源不絕；原來天下之至柔，方能馳聘天下之至剛；原來不爭，天下即莫能與之爭啊！

讓你贏，我無妨！

當一輛時速三百公里的高鐵，朝著你急駛而來時，你還去硬是要與它對撞，不顯得你自己很傻嗎？閃到一邊去，就讓他贏，你頂多被風掃到，但卻無損於生命；但你若是也用時速三百公里去對撞——不，為了贏，你用了時速四百公里的速度去衝撞它，那麼，最後誰贏了呢？

贏不一定是贏，輸也不一定是輸，重要的不是外在的景況如何轉變，而

是自我的內心如何去審視。表面上贏了，卻在心中留下疙瘩；表面上輸了，內心卻雲淡風輕。說到底，到底誰輸誰贏？到底又有什麼好爭的呢？

吵架是一件醜陋的事，內容醜、表情醜、言語醜……順和著生命的河流漂浮，不是很美嗎？不要爭執那沒有意義的事情，不要在意那「輸的感覺」，不要那麼的好勝——寬容別人，也等於放過自己。讓你贏，又何妨？

事業篇

「為什麼我都做不好呢？」

於是，你只會做得更差……

「我哪裡做得不錯？我要如何做得更好？」

於是，你下次可以做得更好！

角度正確，才能看見正確的道路

由不同的角度看事情，能看出各不相同的事實，也會產生不同的結果。

有位青年畫家，想努力提高自己的畫畫的技巧，畫出「人人喜愛」的畫。為此，他把自己認為最得意的一幅作品在畫市掛了出來，旁邊放了一枝筆，謙卑地請行家們指點他的畫作不足之處。

由於畫家的態度十分誠懇，畫市上人來人往，很快的，就獲得許多人真誠表達的意見。到了晚上，他猛然發現畫布上幾乎所有的地方，都標上了「指正」的記號。這不就等於是宣告這畫作一無是處了嗎？這個結果讓青年畫家很吃驚！他開始懷疑自己到底有沒有繪畫的才能？接著萎靡不振，再也提不起勁作畫了。

他的老師見他前不久還雄心萬丈，此時卻如此情緒消沉，於是向他問起

原因。聽完後，老師哈哈大笑起來，告訴他不必這麼快就下了結論，要他先換個方式再試試看。

這位青年畫家接受了老師的建議，把同一幅畫再度掛了出來，旁邊一樣放上了一枝筆。只是，這次是讓大家把覺得「精彩」的地方指出來。到了晚上，他驚訝的發現，畫上竟然也同樣密密麻麻的寫滿了各種記號！青年畫家這才恍然大悟，原來，事情本無完美，好與壞全是由觀察的角度來決定！自己沒有從正確的角度切入，因此才看不到正確的結果啊！

之前在輔導一家美容企業時，也曾發生過類似的事情。老闆很難過告訴我：「客戶真難討好，公司總有處理不完的改進建議……」然而，當我們一同進行深度檢討後我發現，該公司其實是很優質的美容企業：經營方式穩健踏實，員工也訓練有素。照理來說，營收狀況應該是蒸蒸日上才對，怎麼會有無法突破的瓶頸呢？

進一步探尋後才知道，原來營運的問題，是因為公司的方針聚焦到了錯誤的方向所致。每一位美容師在服務過後都會親切的向顧客詢問道：「請問今天的服務，您有什麼『不舒適』的地方嗎？還是有什麼需要『改進的建議』呢？如果有任何的『不滿意』，一定要告訴我們，我們除了會致贈小禮物來感謝您之外，也會馬上的『改進』喔。」

這個問題，雖然讓她們表現得溫柔又真誠，但事實上卻是誘使顧客去思考「還有哪裡不滿意？」而忘了原先那「完美的服務」。錯誤的問題，讓顧客把關注都聚焦到了「錯誤」和「改進」上，這不是很冤枉嗎？

於是，我請該公司做了一點小小的改變，就是在服務結束時，問問顧客：「請問我們的服務，您最滿意的地方是哪裡？」、「我們和其他美容公司最大的不同是什麼呢？因為您可以比我們更客觀的肯定我們。」

通常顧客會具體的表示出該公司確實是「有別於一般同業」的優點，還有「身為顧客最真實的感覺分享」，這些問題有助於讓顧客回想當天接受服務後的美好感受，而不會只去思考負面的體驗。

另外，除了針對當日接受服務的顧客外，為了讓服務更「完美」，我建議她們再追問一個小問題：「您的親朋好友中，應該也有人會需要這麼優質的服務，您可以想出一到三位嗎？我們將依您的推薦，開給您專屬的貴賓券來招待他們。」

這小小的策略，最後讓該公司的來客率增加了五成！業績瞬間扶搖直上！因為，人打從心底真正滿意的時候，會有想要分享給至親好友的「衝動」，而公司提供的貴賓券更能讓他享受到ＶＩＰ的尊榮，為其做足了面子；同時這也等於是為公司的品質「背書」，是一個雙贏的策略，是一個美好的延伸。

親愛的朋友！現在請你對著鏡子舉起手，問問自己看到的是哪一面？從鏡子裡看到的又是哪一面？從你的角度、或是從鏡子的角度來看的手都是不同的，但都是實際存在的事實！

看的角度決定你看到的樣貌！

在人生道路上，我們經常會受到別人熱心的「指正」，我們應該帶著感恩的心情「概括承受」，但也要認清一個事實——「我們永遠無法滿足所有人的期待與要求」。

千萬不要因為別人的建議，就因此意志消沈、自我否定，認為自己一無是處、什麼都做不好。我們應該對自己有正確的認識與評價，並引導別人用正確的角度來認知我們，而不是讓自己盲目的「從眾」。

專注在正確的角度，才能看見正確的道路！

路，自己決定！

「廣結善緣」是讓人生快樂、成功的金玉良言，他能讓你處處是機會、人人皆貴人。多少成功的人士都告訴我們，成功之道無他，就是「努力」與「廣結善緣」。關鍵時刻，別人一句肯定的話、一個衷心的推薦，就足以讓你的生命飛躍在完全不同的高度。

「廣結善緣」並不是要我們攀龍附鳳、當散財童子或是其他刻意而為的舉措，相反地，其重點是隨緣、隨心、隨處、隨時、隨手、隨喜的自然而為，在「利人不損己」的考量之下，對別人發出的那一點點善念。或許只是一個祝福、一抹微笑、一點溫暖、一絲光亮，適時地拉人一把！這些無心的舉手之勞，無損於己，但對於別人而言或許卻是人生的「轉捩點」，誰知道呢？

曾有這麼一個小故事：有個男孩由於內向害羞，因此生活上總是適應不

良，世界對他而言只有冷漠，他感覺不到任何生存的價值。某天，他決定要結束自己這無趣的生命。但就在無意間，有個同學投給了他一個溫暖的微笑和一句日常的小小問候，頓時，他發現到世界上的一絲溫暖，他感動了。男孩不再心灰意冷，也取消了結束生命的念頭，他再度重拾了對生存的希望。

我不知道這個故事的來源，也無從考證它的真實性。但這個故事卻時時提醒著我要隨時保持對人的善意。我常想：「如果能夠因為自己所做的一些小小努力，改變了別人的消極人生，那該是多麼美好的一件事？」所以透過分享，希望有心的朋友也都能為別人做上這麼一點點的小小努力。

你也許會問：「就這麼容易嗎？」是的，就這麼容易！因為他不是一種社交的謀略，不帶有目的，更不是一種交換，他是在一種愉悅的幸福氛圍中自然地發生，沒有任何刻意、當然也就沒有痛苦。你不用盼望它會帶來什麼成果，一切的可能都是隨緣的福報，所以你不會累，不會受到功利與現實的冷酷折磨。

「吸引力法則」這麼認為：如果你本身就是一個帶給別人正面力量的

「幸運小天使」，那麼你將會吸引所有跟你一樣的小天使來到你的周圍，那麼，你就會愈來愈幸運；經常當別人的貴人，別人也會變成你的貴人。人最大的貴人其實就是自己。簡單、容易，「凡你所做，必回歸你身」。

自私的人，往往不相信什麼宇宙定律、吸引力法則，他們「吝嗇」，捨不得付出，從有形的金錢到無形的愛與關懷，對他們來說都只是利益。他們把「利」盡往自己身上攬，把「責任」和「義務」盡往他人身上推，自以為佔盡了便宜，卻不知旁人早看穿了他們的自私，當然也不會和這樣的人交心了。當別人需要協助時，他冷眼、漠然、事不關己；以後當他需要旁人援助時，就會嚐到那孤立無援的苦果。

這種人無法領會「海闊天空」的意義，路將愈走愈狹隘。他們斤斤計較，得失之間受困於心，這樣不是很累嗎？

以「利人」為出發點，行走的路上，便有人可與你相互扶持；以「利己」為出發點，那麼沿路孤獨，所有的困惑、苦惱、磨難都將由你一人承受。向上攀登的路上，你讓旁人先行，他們便可回頭拉你一把；你刻意爭先擋前，那麼便要受到「挑戰者」的不斷威脅，甚至將因為爭執而一起跌落山谷。何必呢？

「康莊大道」並不是由你一鏟一鋤徒手建立的，它原本就在，你需要的只是正確的指引。你迷失、你選錯了路，又怎能去怪罪目的地太過遙遠、路途太過凶險？當你發現路上人煙逐漸稀少、環境愈來愈荒蕪時，你要怎麼做？再去開一條路嗎？一個人、一支小鏟子就能開闢一條道路嗎？

選對路，路才能走得順暢。短視近利的人啊，現在發現還來得及，別再往「死路」裡鑽了。

「氣質的基礎建立在於豐富的內涵，高貴的氣度來自於寬闊的胸襟」，親愛的朋友，路，自己決定！

不要擋到別人的路

台灣地狹人稠，交通的尖峰時間往往令人頭痛。尤其是上下班的時段或跨年晚會等活動的舉行，其人潮和車流，都會讓趕時間的人因寸步難行而急躁難耐。

其實三、四十秒的紅綠燈，足夠讓很多車子通行，但卻因為某些駕駛的不專心──例如吃東西、講手機、發呆、甚至打情罵俏──讓車子緩了幾秒才啟動。幾台車子都慢上幾秒，最後累積起來就成了「大塞車」。明明目的地近在咫尺，卻因為這些人「擋到了路」，十分鐘的車程就變成三十分鐘。

相信你也一定有這樣子的經驗：和朋友約見面時，眼看還有些空檔，於是轉進超商買罐水解渴，預想應該不會超過三分鐘的時間。不料前面的人結完帳後，卻「優雅從容」地在那兒分類，先是把鈔票一張張疏理好放進皮包，接

著把零錢放進零錢包，然後又整理起了剛買好的東西才慢條斯理地離開。站在這種人的身後真的會滿肚子火，心裡一直想著：「難道你就不能站到旁邊去整理嗎？」——結果等結完帳，才發現時間花得比自己預想的還多，最後卻遲到而耽誤了朋友的時間。

事實上，並不是我們急，而是這些人「慢」！

不顧他人方便的行為是讓人無法忍受的！不論是日常生活，還是職場生涯，其實有些事情都是共通的——那就是要學會「如何不要擋到別人」——這甚至比學習「如何幫助別人」還來得重要。

「不要擋到別人」是一門重要的學問。

就拿我家的孩子來說吧，有時我正在廚房忙裡得不可開交，兩個小寶貝卻一心想進來幫媽媽的忙。雖然他們是出於好意，但事實上卻反而讓我絆手絆腳。廚房裡爐火、熱油、菜刀樣樣危險，在我忙碌之餘又要特別分神擔心他們的安危，只能說這根本是「幫倒忙」。

因此，先學會如何不妨礙別人，再來學怎麼幫忙。你要知道，有時候最大的幫助，就是不要幫倒忙！

台灣之光李安導演，在某次得獎之後眾人紛紛向他的夫人致意：「感謝您對李大導演的『幫忙』……」

「幫忙？我沒有『幫忙』他，我只是『不管他』！」李安夫人這麼回答，實在是幽默又不失智慧。最大的『幫忙』就是『不管他』！她成就一個完美老公的方法，就是不去擋到先生的路。

但要怎麼樣才能做到「不要擋到別人」呢？

其實道理很簡單，那不過就是「己所欲、施於人」的同理心罷了。不論是有心還是無心，善意還是惡意，做事前都一定要先思考這個問題：「如果今天我是他，我會怎麼想呢？」

被人擋到時，我們會又氣又急又無奈；那麼今天換做是你，你就不該做出那些「擋路」的行為。在等待紅綠燈時，你應該切記「我仍在馬路上行駛」，負擔起一個駕駛完整的責任而不該分心他事；在收銀台結帳時，眼看後方有人排隊著等待，那你就該先把東西拿到一旁後再慢慢整理；收到同事傳遞的文檔時，不能因為自己手邊的事情太多，而耽誤、甚至遺忘了別人交辦的事物。很多事情雖然都只是芝麻綠豆大的小事，但往往卻是讓人引爆怒火的導火線。

為了一己之私卻造成他人的不便，有些人的擋路行為事實上是惡意的「佔便宜」的心態使然。這些人天生就很愛「擋路」：故意在門口擺些路障霸佔車位、故意在公車上佔了兩個位子只為了自己要放包包、故意搶在同事之前發表意見來搶功……這種人一心認為「卡位」才能讓自己獲得好處，但實際上卻是讓他們暴露了個性及氣度的缺陷、並限制了自我的發展。埋下了人際發展的火苗，又怎麼可能帶來好運呢？

或有意，或無意，有時候「擋路」是出於善心，有時候卻是出於自我的「剛硬」個性。如果是後者，那麼你必定也常與人「碰撞」。俗話說得好：「予人方便，自己方便。」如果事事爭先，你必定會缺乏處世的柔軟度，自然也就更容易和人發生摩擦與衝突，更會侷限了自己的人際與發展。

水流無形，所以它能進入任何容器，它不需要改變自己的本質，卻能因為自己的柔軟而深入他人的內心。捨下剛硬，才能為自己換來更多揮灑的空間。

不要擋別人的路，懂得為別人設想。學會這點，你才有資格去學習更多人際間的技巧。

你有那個膽嗎？

在外頭，每個人都說你是個好好先生、好好小姐；但一回到家，你卻吝於給最親近的家人好臉色嗎？

面對外人無理的要求，你按捺脾氣、專心傾聽、耐心解釋；但對你最親近的家人卻總是以「我很忙」、「我累了」、「現在沒空」、「去找媽媽（或爸爸）……別來煩我」來搪塞？

對外人你一擲千金、出手闊綽，應酬娛樂絕不手軟；但回過頭來，你卻很少隨手買個小點心、小禮物給家裡的人驚喜一下？

對外虛華膨脹，對家人吝嗇至極，或許這也不能怪你，因為「資源有限」，所有的心力都在外頭用光了。大多數的人們都是這樣過著生活，戴上面具在社會走動，日子過得很是疲累。

對長官、客戶或朋友，你幾乎是「隨傳隨到」，但卻常常錯過和家人相處的「重要時刻」。因為對你而言，和外人的相處才是「重要時刻」，那會影響到你個人的「升遷」、人際網絡的「發達」、別人對你的「觀感」。但家人的感受呢？不重要，反正都已經是一家人了。人們不是常說「家是個避風港」，如果回到家中都還要有這麼多的顧慮，那不是更累了嗎？

「物有本末、事有終始」，對你而言，到底孰本孰末？你知道你自己生命的「真正價值」嗎？

賺錢、工作、交際應酬等雜事，原本只是用來賺取生活所需，一開始的目的不正是為了讓家人過得好、過得幸福？但現在怎麼變成你生命的全部、占據你所有的精神和時間了呢？

奇美企業董事長許文龍曾說：企業是用來讓生活更幸福的，如果讓工作凌駕於生活之上，就是倒果為因了。

沒了爸爸媽媽的家，縱使金樑銀柱，也沒有溫暖；失去了曾經許諾幸福的另一半，縱使功成名就，也只剩下空虛和遺憾。你追求的華麗宮殿，會不會只是「海市蜃樓」？

你忍心對著愛你的、支持你的家人擺臭臉、斷然拒絕；那麼你有沒有那個膽可以對外面的人「勇於說不」？那些不必要的飯局、沒有效率的加班、套交情拉關係的交際應酬……這些占據你寶貴時間的無聊事情，為何不能推掉？你都有膽拒絕家人，拒絕那些生命中最重要的人。那為什麼沒有膽量拒絕外人呢？

也許你會說：「生活所逼」、「我也是有千百個不願意」、「這樣人際關係會不好」……但認真想想，真是如此嗎？面對一個不懂得尊重員工私生活的公司，你能認同嗎？把自我的價值觀全部侷限在外在成就，這樣你就能感到快樂嗎？或許眼前的現況多少有些無奈，但你有為改善目前的生活方式做過努力嗎？還是只有消極的繼續沉淪，卻又期待著奇蹟發生。

每個人的生命都是相同的，它由無數的選擇所決定。你的無奈，你的無能為力，其實也只是你的一種選擇。既然如此，為何你要選擇放棄而為此感到痛苦與懊悔，卻不去選擇擁抱生命而為快樂勇於付出呢？

人說「十年修得同船渡，百年修得共枕眠」，生生世世的因緣才讓你和現在的親友相逢：父母、兄弟姐妹、老公、老婆、孩子、還有那些真心的朋友……然而，如今你卻因為一句「無可奈何」而不去珍惜他們？你卻因為「理所當然」而把親友當成了負面情緒的垃圾桶？

「修身、齊家、治國、平天下」，古人說的話其實自有道理，連你最愛的人都無法愛護，連你最親近的人你都無法照顧，那麼那些來來去去的「人際網絡」不就更顯得虛浮了嗎？請好好地思考一番吧，想想自己是否已經殘忍地傷害了最愛你、最關心你的人們。

如果，當你回家看望父母時，爸爸媽媽驚訝的說：「啊，你怎麼有空回來看我們呢？」

如果，當你的另一半開口跟你說：「我們好久沒去公園走走了，今天你有空嗎？」

這時你就該知道，你已經在他們心中造成了傷害。想想他們對你的關愛、付出和期許，「有空」、「沒空」根本不重要，不是嗎？現實生活中無法抽身的理由，又怎能阻止這些感情間的流動呢？

所以，讓我們一起來服用「熊心豹子膽」吧！開始試著拒絕一些無聊的應酬，提早回家，在路上給爸爸媽媽買個寧神茶、給孩子買個巧克力、給另一半買個小點心；每天看看孩子們的功課，參與他們的成長過程，出席那些對他們很重要的片刻；每週固定撥個時間，和家人聊聊天，關心一下退休的父母是否有什麼新鮮事、另一半在工作上是否有了新成就或是不如意。這些一點一滴的改變，都將讓你重新貼近生命的真實。

「蝴蝶效應」說的並非是一夕之間所造成的巨變，而是一點點、一點點微小的轉變，累積而成的天壤之別。如果你願意為真實的生命做一些努力，那就請拿出你的膽，不要害怕。即便只是每天的一點改變，積沙成塔，最終也能讓你回歸生命的坦途。積極主動、重新支配自己的生命，千萬別再被生命所支配！

路，一直都在

人不必追逐每一個機會，但應該深耕手上的每一個可能，把每一件交到自己手上的事切切實實地做好。做，就要做好，就要全神貫注，不要老像個「遊魂」似的飄過來盪過去；看起來到過很多地方、參加過很多活動、認識很多人、做過很多事、擁有很多頭銜。但是，樣樣通樣樣鬆，事情做一半最終也只是場浪費：浪費精神、白費力氣、虛耗能量、蹉跎光陰，空擲金錢。

還有些人，他們確實已然專注地為一件事情投注了許多心力，付出了很多的努力；可是卻因為一直沒有成果和進展，於是感到灰心、產生懷疑，甚至覺得所有的努力都像是拋進了無底洞，就那麼無聲無息地消失了。最後他們在不斷的自我提問中掙扎：「要繼續努力嗎？」、「如果不更進一步，那麼先前那些不就等於一場空？」最後，他們在不斷的自問自答中耗盡了力氣，當放棄時，一切就又回到了原點，一事無成。

其實，不論你我，人都一定會遇到「撞牆期」。無論是思想、創作、事業、人際、乃至於身體的健康，人生的高低起伏中，總是會有一個看似停滯不動的低潮期。那個當下，除了「悶」，似乎已經沒有其他更好的形容詞了。但每個恆靜的平面，總會有個「點」可以突破，只要把所有的力量集中一點，困境都必能衝破。所有阻礙路程的絆腳石，一顆顆堆積起來，你會發現，其實它們竟是通往更高境界的墊腳石！

你要懂得「丟」！丟不是要你丟掉對目標的堅持，放棄對努力的付出，而是要丟掉舊觀念、舊思維、舊包袱、舊東西……一次或許只能改變一點，但一個小改變，就能讓生命的氣息重新開始流動。鼓起勇氣去「丟」，去面對那些一直逃避的事，去放下那些對於成功和收穫的堅持。黎明之前最是黑暗，當你逐漸拋下錯誤的堅持後，你會發現，當包袱去盡，身體變得輕盈，那麼翻牆而過又何來撞牆的庸人自擾呢？

路，一直都在。只是心中的燈沒有點著，所以你看不到；只是路上的雜物太多，遮住了前進的路。不要讓急躁蒙蔽了你的雙眼，試著用希望的明燈去照亮眼前的道路。

生命的過程，如同農夫的春耕夏耘，當撒下種子後，還必須經歷澆水、施肥、除草等種種階段。除了努力，其實更重要的，卻是「等」！努力的成果不是一朝一夕之功，種子需要時間扎根、萌芽、生長。根要扎得夠深，深入那些看不見的地底，才能獲取最豐富的營養。如果你急躁地只想揠苗助長，又怎能等到最終的豐收呢。

道理並不難懂，只是我們往往不願意接受。尤其在人生低潮的片刻，我們腦中記得的通常都只是些抱怨。下次，當你開始產生懷疑，不確定是否要繼續編織夢想之時，不妨把自己當成一顆種子，想像一下向下扎根的模樣。曾經的努力與耕耘，都是將來成功的必要養分。付出，就必定有所收穫，即便那不是你預想的模樣。

愛迪生發明電燈時，他把無數次的「失敗」視為「找到了一種行不通的辦法」，他說這也是一種「成功」。當每「失敗」一次，他就更接近「成功」

一步。

成功的道路，一直都在。只是當你看見困難、看見失敗，你就改道而行，越繞越遠。耐著性子，一步一步地向前邁進，適時的放下一些無謂的負重，如此，你才能走到終點。請記得：路，不會因為困難而改道；只有人，才會自己走上了另一條道路。

做好自己的牛皮鞋

有一個國王，統治著一個富足的國家。

一天，國王心血來潮，決定用徒步的方式前往遠方視察。由於這是他第一次走到這麼遠的地方，所行之路又崎嶇不平、沙礫遍佈，跟皇宮裡舒適平緩的道路有很大的不同。於是在返回皇宮後，國王感到他的腳底疼痛難耐。國王體恤百姓，心想：「這樣百姓們在行走時不也一樣的辛苦嗎？」於是他下了一道命令，要將全國道路通通鋪上皮革，讓大家都可以走得舒適。

國王立意雖好，但這可是需要成千上萬張牛皮、花費大量的資金，說穿了，其實根本是勞民傷財。於是有位大臣向國王諫言道：「親民仁愛的國王陛下，您沒有必要浪費那麼多的資源啊！您只需割下一小塊牛皮，製作成一雙牛皮鞋，就可以達到同樣的效果了！」國王聽了之後恍然大悟，於是省下那些鋪路的皮革，轉而為百姓們都做了一雙合腳的鞋。從此，他的國家也變得更加的富足了。

世界的紛亂，或許就是因為眾人都紛紛想去鋪牛皮路，卻忘了其實你只是需要一雙牛皮鞋！如果人人都能專注地做好自己的牛皮鞋，那麼人人就都會有好路走。

有位朋友在決定離職之前，約我吃了頓飯。餐間她向我大吐苦水，訴說了很多無奈，工作的壓力、受到的欺凌、老闆的無知……。她很無力的說：「千里馬總要伯樂的慧眼。」這麼聽來，其實她並非真的想要離職，只是在現有的職場中不受賞識而有志難伸。

我問：「那妳接下來打算怎麼辦？」於是她滔滔不絕的講起了許多「抱負」。雖然這些計畫在表面上都和工作都有著不同程度的關聯性，但聽在我的耳裡，每個計畫卻都指向不同的方向；也就是說，她正處於心緒紛亂、自我消耗的狀態。「所以……我想聽聽妳的分析」這是她最後下的結論。

論專業技術，她有好多的證照，其中甚至還有遠赴海外、投資鉅額所取得的國際證照；論經驗，她管理過大型公司、也曾經自行創業，說起來也算得上是個「人物」；論資歷，沈浸在業界二十多年，也不算是資淺。但為什麼如今待在小小的公司上班，屈就於小小的職位，卻還是走上了令人遺憾的結局呢？

「妳不知道自己的價值！」我言簡意賅的指出了其中的癥結。

追根究柢，就在於她用「價格」來衡量她自己與工作之間的定位，卻已經忘了自己當初想從工作中得到些什麼。

一開始，她只是把這個工作視為跳板。於是她把自己歸零，領的也是歸零後的薪水，但她的心中卻始終「不甘心」。她用「理想的自己」跟「現實的環境」做比較，所以對於環境、薪資、待遇自然總是不滿，而這些不滿，也讓她無法定下心來就現況好好發展；但如果說要就此一走了之，她又覺得似乎還沒從中得到應有的利益或學習的價值，於是她在「留」與「走」當中不停擺盪。能量就在當中浪費掉了。

更糟糕的是，雖然她擁有的資歷讓她無法甘心屈就於此，但由於每日汲汲營營於生活之中，她的眼光逐漸變得短淺，在忙碌中她漸漸地習慣了這樣的生活，最後甚至忘了最初的目的與夢想。

於是我問了她一連串的問題，一步一步的帶領她重新審視自己的內心，直到最後，她終於茅塞頓開的擊掌大笑：「對啊，我都忘了自己當初的模樣了！」其實，真正的答案，都藏在我們的真心之中。一開始，她只想著「鋪牛皮路」，她認為應該改變的是老闆、老闆娘、同事、顧客等外在因素，但改變別人卻又談何容易？只有為自己找到「牛皮鞋」，為自己找出最合腳、最舒適的方法，問題才能真正解決。這次談話後，相信她不論是要換工作，或是面對舊工作，穿上她自己的牛皮鞋，走在任何道路上她都必定能勝任愉快。

人生有很多的「沒必要」都會偷走你的能量，讓你分散、失焦，最後變得只會不斷抱怨沒有牛皮路可以走！是時候檢查一下自己的牛皮鞋了。當路難走的時候，也許問題不在於「路」，而在於自己的「鞋」。

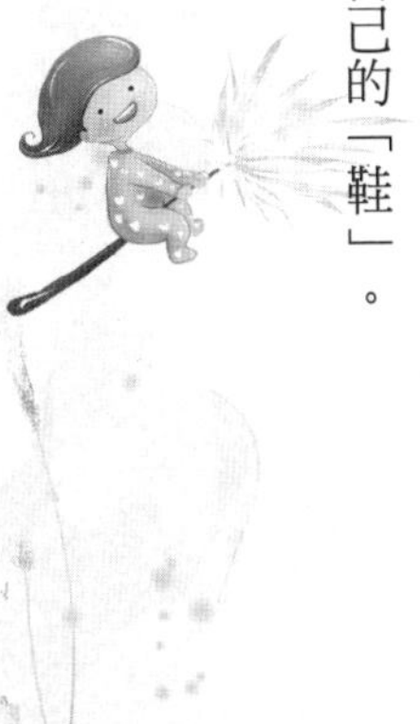

「洗衣機」告訴我的道理

曾有一次，我的洗衣機鬧罷工。那時它還很新，而且也沒用過幾次，但不管怎麼說它就這麼壞了。

令人意想不到的是，維修師傅最後居然只用一片地磚，就解決了這個問題！他只不過墊高了其中一個腳座！

「通常洗衣機無法運轉，若電流和按鍵沒有問題的話，我們會先檢查『平衡』是不是有問題？如果是不平衡，讓它平衡就好了。如果問題不是出在平衡，那就檢查『軸心』，如果真是軸心出了問題，這台洗衣機就算報廢了！」這個專業的師傅這麼告訴我。

「如果是不平衡，讓它平衡就好了……如果真是軸心出了問題，這台洗衣機就算報廢了！」聽完了師父的解釋，這句話卻一直在我腦海中迴盪不去。

因為我們的人生不也是如此？當「軸心」偏離、壞掉時，那人生大概也就毀了！價值觀、人生觀、金錢觀、感情觀……這些一旦產生了問題，精采的人生必將提早畫下句點——核心若是出了問題，所有的問題就從中環繞而生。你忙於修復這一一叢生的問題，但真正造成問題的軸心卻仍是壞的。當軸心壞掉時，唯一應該做的，就是把軸心修好。除此之外別無他法。

援交妹為了物欲而出賣自己的靈肉；毒癮者為了毒品而六親不認，甚至搶劫、殺人只為籌錢買毒；還有些人則是為情所困，自殺、情殺，最後卻造成了兩個家庭的悲劇——這些由於生命軸心的偏斜所導致的問題，其實都該回到核心來處理。

所以，當你的生命失控，請重新檢查一下你的「軸心」是否已經出了問題。如果是，請重新檢視你的價值觀、人生觀、金錢觀、感情觀等，學會尋求正面的協助，去導正這些心中的障礙。外在形式的彌補並不能將問題澈底解決，軸心的問題必須釜底抽薪。

不過如果你的狀況還沒這麼壞，只是目前的生活、運氣、工作、感情……就這麼突然遇到了瓶頸，卡住了。那麼就檢查一下是否「平衡」出了問題吧。

家庭、工作之間，平衡嗎？現實和理想之間，平衡嗎？才華、能力，與所追尋的成就，平衡嗎？如果「不平衡」，那麼就請把低的一端墊高、或是把高的一端降低，讓它「平衡」就好了。停擺的人生，將會因此再度順利的運轉。

說來容易，但平衡實非易事，這是一門很深的學問。

很多人都認為家庭和事業間的平衡是不可能的！我也曾這麼認為。但當我聽過「車神舒馬克」的故事後，我才澈底的改觀：

德國賽車選手舒馬克多次蟬聯世界冠軍，輝煌戰果史無前例，有「車神」美譽，是德國人引以為傲的國寶。舒馬克一九六九年出身於小康家庭，中學畢業後在一家ＶＷ汽車零售商工作，月薪兩百五十美元。二十歲時被發掘，展開了賽車生涯。

大家都非常想要知道他不敗的祕訣，「很簡單！就做自己愛做的事。」

舒馬克如是說。或許這就是「專注」的力量。為了達到這個目標，在生活、飲食各方面他都極為節制，因為他需要讓體能一直保持在最佳狀態。

他戰功彪炳，卻從不輕敵。賽前一定做足功課，小心研究分析對手的實力、長處與弱點。

遵行「勝不驕」原則，贏的時候更加注意警惕尋找自己的弱點；他認為每次的成功都歸屬於團隊，因為車子的研發改良是許多人的心血結晶，專業的團隊是他最大的靠山。

此外，最難得的是舒馬克的私生活零缺點。他表示賽車是一種高危險性的運動，絕不容許任何閃失和分心，因此家庭的融洽和諧、無後顧之憂非常重要。夫妻間深厚的感情，也影響了他的兩個孩子，全家人總喜歡擠成一團吃飯或看電視。他更是孩子的大玩偶，像是過動兒一樣經常和孩子們玩在一起。

賽車是一項高風險的運動，隨著年紀漸長，也有人問他退休後有何打算？

「去買一片農莊，我當農夫活動筋骨，太太是西部牛仔迷，孩子們是動物迷，皆大歡喜。」舒馬克是這麼回答的。

如日中天的事業，又擁有幸福的家庭，這就是車神舒馬克的生活，這就是專注於平衡所能達到的最佳境界。

先撞牆才能破牆

運動學裡有一個名詞叫做「撞牆期」：初次進行長距離或長時間的跑步時，當運動到某種程度，身體就會認為已經到達了某種自我設定的極限，於是會產生肚子痛、呼吸困難、肌肉僵硬等徵兆，又或是感到十分疲累、喘不過氣，只想癱軟在地。這時就是所謂的「撞牆期」——多數的人一旦進入了這種狀況，往往都會認為身體已然無法負荷，因而開始準備休息——但事實上，若你咬牙撐過這個時期，身體就會再次恢復常態，並且將當下的狀態重新設定為「運動狀態」而接受它。新生出的力量將再度充滿四肢，身體會重新定義全新的可能。

而不只是運動，生活、事業、家庭、工作等各方面也都有著撞牆期的存在。你一定也曾有過類似的情況——老覺得怎麼努力都沒有用，面對的好像是

一個等不到黎明的暗夜——很多人在這時就選擇了放棄。

面臨「撞牆期」，你一定要繼續撐下去。腳步可以放慢，但絕對不可輕易停下，只有繼續堅持下去，度過那個自我設限的關卡，此後就能海闊天空、蛻變成長。那幾分鐘的煎熬，通常卻是最關鍵的關卡，永不放棄正是通往成功的必要條件！不是有這麼一句話嗎：「每件事最後都會是好事。如果不是好事，說明還沒到最後。」

〈人生的最後一堂課〉是一部非常震撼人心的紀錄片，美國卡內基美隆大學資科系、罹患了胰臟癌的教授Randy Pausch，在他人生的最後一刻還站上講台，跟學生以及聽眾分享他這一生所體會到的經驗。他在演講中提到，當面臨失敗、看不見希望、宛如「撞牆」時，人們應該更樂觀的看待。「這面牆，總是為了某個目的才在那邊的。它逼我們證明，我們有多麼渴望牆後面的寶藏！」、「這座牆其實不是拿來阻擋我們的，而是幫我們阻擋其他人的！」

牆，確實存在。但它的存在不是為了刁難你，而是為了阻擋那些缺乏堅定信念的人。當問題重重，已經到了山窮水盡的地步時，其實這正是在提醒我們該轉換心態，站上更高的高度去重新審視問題，如此，你才能看到「柳暗花明又一村」的美好。

不論是個人，還是企業；是工作，還是家庭。每個人、每件事都必定會遇到撞牆期。但向前衝刺需要能量，而能量積醞卻是在平日的培養。任何一位運動好手的成就，都是來自於長期而有計畫性的練習。屢創奇蹟的馬拉松巨人林義傑，每一次的長跑挑戰，都是經歷過漫長的訓練與準備，「養兵千日，用在一時」，比賽時爆發的能量，都是來自於平日的累積，唯有紮實的練習才能練就最穩固的實力。

隱藏的力量是在靈魂中累積，表面上看不著，但內心卻已然翻越百岳、涉渡千川。執著於外在的所得，卻忽略了內心能量的培養，這樣又如何能夠迎來成功的可能？請別再追問為何總是時不我與，而是該回頭看看自己是否已經做好了準備，是否已經為突破而儲備好了能量。

緊張……

緊張、失眠、無法放鬆、放不開……這些似乎都成了現代人的通病。每個人都在試著尋找治療的良方，一張好床？舒眠音樂？藥物？瑜伽？

其實，這些景況只是反應了你的生活，它在警告你：你的生活「很不簡單」！你正在為難自己，你追求的事太過困難已經超過了你的能力範圍。

一件事，如果有著正確的開始、順著適當的流程，那麼你從中感到的會是安逸與舒適——這是一個衡量生活的準則——如果你現在面對的事情讓你平靜、放鬆，那麼對你而言，它就是對的。

而如果事情會讓你變得嚴肅和緊張，這就表示它已經超過了你當下的負荷。當然，這未必是種錯誤，它可能是一種良性的壓力，能夠逼你跨出自己的安全地帶，為你帶來一定的成長。但如果這件事情長期的壓迫著你的神經，讓你無時無刻都感受到喘不過氣的壓力。那麼你就該停下腳步來思考一下：這，值得嗎？

每當你感覺到壓力，每當你覺得自己正在和什麼抗爭時，請試著放鬆吧。生命是條河流，順流而下，你才能抵達廣闊的大海。河流總是柔順的，它不會抱怨河道太大太小、太彎太直，也不會埋怨河道中的石頭擋到了路。它就這麼流動著，順著地形而流、繞過石頭而流，因為它知道「石頭並不是為了阻止它而存在，它就只是剛好就在那兒而已」。不去抵抗，壓力自然也就不復存在。

它只是順從。順從大自然的循環、接受存在的安排，於是它達到了最終。相反地，有些人從不接受當下的安排，他們不斷的抱怨著：「為什麼眼前總是有個絆腳石？」、「為什麼老天爺總是要和我開玩笑！」他們對於過去從不滿意，對於未來又充滿了過多的幻想，而回到當下他們卻又總是心不在焉。他們希望世界繞著自己而轉，自以為是的認為旁人全都站錯了位置；可他們卻從來沒有想過，自己才是那個站錯了位置的人。

「愛你自己、接受你自己、肯定你自己」，請接受你現在的樣子，也請用你現在的模樣去接納世界。人生沒有無奈，只有選擇；選擇抵抗，你註定只能在無限的緊張中虛擲一生；選擇接受，你才能從輕鬆中找到快樂。

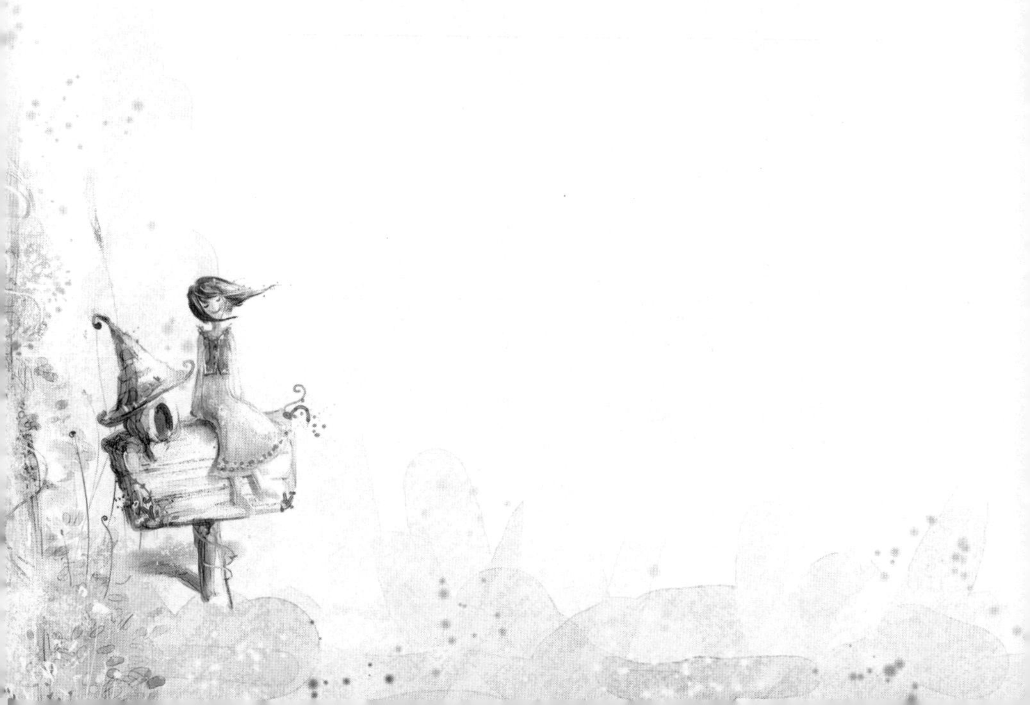

食神

周星馳是喜劇界的泰斗，他的電影「食神」更是風靡一時的喜劇大作。但那天我看著看著，最後竟控制不住的流下了眼淚。這到底是怎麼了呢？

其實周星馳的電影往往都帶著發人省思的「黑色幽默」。表面上的嘻笑怒罵，確實也是讓人捧腹大笑；但當你深刻地感受他的弦外之音時，你也會因為感動而微笑。只是那個笑，酸酸的。

「食神」這部將近二小時的電影，可以說是商場血戰的濃縮版。周星馳一開始飾演「史提芬周」的那個「假食神」，其實象徵著多少企業家的崛起——表面看起來光鮮亮麗、不可一世。但事實上卻名不符實，全是用光鮮外表堆砌起來的空殼。有些人虛設公司行號，靠著發行股票翻身成為豪門巨賈，但這些終究都是空的，純粹是紙上作業和金錢炒作的結果；有些人利用人性的弱點，以光鮮的外表假扮富人來詐取錢財、捲款潛逃；有些人利用人性的貪婪，靠著假的投資方案吸金，但牛皮終也有吹破的一天。

「成也蕭何，敗也蕭何。」這些人從金錢遊戲中發跡，但最後也都毀於金錢遊戲之中。他們的貪心，成為了自己的心魔：不在穩健中求成長、不理會風險控管而過度擴張、不擇手段的追逐成功甚至傷害別人——這些惡因，最終都將成為惡果而回歸己身。因此「史提芬周」就是毀在自己親手架構的空中閣樓之中。

而他的重生，就在於遇到了「火雞姐」的契機。她的真心讓他重新審視了內在價值的本意，也真正的意識到自己過往的錯誤與疏失。人一生中難得有幾次機會能夠「打散再重組」，有多少人在遇到瓶頸時就先自廢武功、輕言放棄？又有多少人能夠從眼下的困境中走出，奮力去追求那些未知的可能？還有多少人能夠正視自己過去的錯誤，勇敢的承擔，並將它轉變成向上的力量呢？想要如此，你就必須叛逆，並且勇於叛逆！因為叛逆的人是聽從內心的指導，他們做的盡是別人眼中的傻事，他們用一生的精力和漫長的時間來證明自己內心的力量。

電影的最後，「食神」躍然而現，原來世界上最美味的食物，並不是用最珍貴的食材和最高超的手藝才能完成，唯有憑藉著「真心」才能成就食之真諦。這時哪怕只是一碗再平凡不過的「叉燒飯」，都能吃出人間的美味！我問過許多吃遍美食的富豪，其實他們最愛的食物往往都只是媽媽或太太親手烹煮的家常菜。因為除了菜餚本身之外，其中蘊含的回憶、情緒與親情……在在都值得他細細品味，令人回味無窮。

夢想篇

點燃一點火苗，讓你的生命獲得溫度。
星火，燃燒出夢想的光輝；
勇氣，開創努力的可能；
為夢想而努力，
在你碰觸到心中的陽光前，請向所有的誘惑說「不」吧！

與夢想共振

嘉義市的八掌溪畔是個美麗的地方。溪上有座由嘉邑行善團愛心捐獻的「行嘉吊橋」，它原本是為了方便附近居民上下課所搭建，但現在卻因為景色優美、靠近二高、交通便利，再加上和鄰近的親水公園、河濱運動公園連成一氣，是居民運動、散步、聯絡感情的好所在，近年來慢慢地變成了一個很受歡迎的觀光景點。

在吊橋的兩端，通常都會看到「小心慢行，請勿奔跑！」或是「一次僅限〇〇人通行」等類似的警告標語。這是因為吊橋的耐重有限，而且因為風吹日晒雨淋，結構多少會有所鬆動、受損，因此若在上面進行劇烈的活動，橋身晃動過大，極可能產生吊橋斷裂的危險。

一次，我帶著家裡的兩個孩子們來到附近遊玩，B&Q一時「腳癢」，居然在在橋面上開始奔跑了起來。為了告誡孩子們不要在橋上奔跑以免發生危險，我向他們解釋了「振動」的道理，好讓他們理解為什麼不可以這麼做。而就在講述的過程中，我卻也發現到「吊橋」、「共振」、與「生命」這三者之間的關聯……。

相信大家都知道，當部隊通過吊橋時，必須以「便步」的方式行走。若以平常行軍的方式「齊步」走，一．二、一．二的整齊步伐很有可能造成吊橋無法承受過大的振幅而造成斷裂——其中的原因，其實是來自於「共振」的原理——每樣物質本身都會有一個「固有頻率」，如果外在施予的振動恰好與固有頻率一致，那麼就會產生共振效應，這將使得物體所承受的動能達到最大而產生最大振幅。換言之，當部隊齊步走時，如果不幸與吊橋的固有頻率一致，那麼它所承受的動能將有可能超出吊橋的最大負荷。

而便步走的用意，就在於利用了每個人零碎的步伐與吊橋產生「反共振」，以此避免它產生過大的震盪。

親愛的朋友們！這個小小的物理學常識，有讓你得到新的感觸嗎？回想一下自己的生活，你和你周遭的環境、朋友、家庭、事業、理想，有著一致的「共振」嗎？抑或是你的周圍充斥著「反共振」的人事物呢？

一個團體，如果每個人都各自為政、各走各的路，能量與目標沒有取得一致；那麼無需外患，光是內部能量的自我抵消就足以讓整體力量崩解。

一個家庭，如果先生和太太不能同心，兩個人都只顧著滿足自己的需求，那麼這個家庭就很難真正的和諧。缺乏了容忍與體貼，雙方就只剩下消耗與牽制；失去了最堅實的靠山，又怎能奢望能在外頭全力打拼呢？先人講求「家和萬事興」不是沒有道理啊！

而一個人，如果他的「真心」、「大腦」和「身體」各唱各的調，最後就只會陷入自我分裂的險境，「與自己過不去」、「鑽牛角尖」等問題將會耗盡他的力氣；太過紛亂的焦點，也會讓他走上迷途，最終半途而廢。

《孫子兵法．始計篇》中有言：「道者，令民與上同意，可與之死，可與之生，而不畏危也。」一個領導者要具有讓所有人與之「共振」的能力，當眾人擁有共同的目標及願景，上下一心，方能產生銳不可當的氣勢而事無不成！而一個人的心靈，正該成為最高的領導中心，讓自己的「真心」、「大腦」和「身體」產生共振，讓明確的目標帶給你前進的動力，不要在自我分歧中浪費了氣力。時間與精力有限，所以不正是應該拿來全力成就夢想嗎？

想要抵達夢想的彼岸，你的道路正確嗎？你的努力又是否發揮了真正的價值？

如果是，那麼請你大無畏的繼續邁步向前，雖然會有許多困難與險阻，但身心靈的結合將讓你與夢想「共振」。腳步愈堅定、頻率愈和諧，產生的振幅就會愈來愈大、愈來愈大！台灣知名導演魏德聖用一部〈海角七號〉揚名國內，用一部〈賽德克．巴萊〉揚名國際！當年他失業而蹲在角落寫劇本，用夢想療慰著苦楚；但如今，他和夢想的共振卻震撼了世界。

與夢想共振，你就能獲得巨大的能量！

最大的幸福

英國某小鎮上有一個青年人，整日以沿街說唱為生；鎮上也有一個年輕的中國女孩，遠離家人，在這兒打工生活。他們總是在同一個小餐館用餐，因此他們經常相遇，時間久了，對彼此都已十分的熟悉。

某天，他們又在餐館中聊了起來。由於已經十分熟稔，那位中國女孩便很真誠地勸告那位英國青年說：「不要再沿街賣唱了，去找一個正當的工作吧！不如這樣，我介紹你到中國去教書，在那兒你可以拿到比現在高出許多倍的薪水。」

那位英國青年聽後，先是一愣，然後反問她：「難道我現在從事的不是正當的職業嗎？我喜歡這個職業，它給我和其他人帶來歡樂，有什麼不好？我何必要遠渡重洋、拋棄親人、拋棄家園，去做我不喜歡的工作？只為了那幾張多出來的鈔票？」

而不只是這位青年，連鄰桌的英國人也都非常驚訝於那位中國女孩的話。他們不明白，僅為了多掙得幾張鈔票，拋棄家人、遠離幸福，那究竟有什麼值得羨慕？在他們的眼中，家人能夠團聚，踏實且平安的過日子，那才是最大的幸福！

幸福是一種感受，它與財富的多少，地位的貴賤無關啊！

你是這樣的人嗎？

離鄉背景，前往人生地不熟的城市，辛苦地為了那幾張鈔票而忍耐著思鄉之苦？藉口故鄉的工作機會少、沒有發展空間，於是就把一切奉獻給了異鄉，選擇了漂泊？

人，最大的幸福，是過著屬於自己的生活——屬於你的，別人搶不走，只有當你主動放棄時你才會失去它。為了工作，你廉價販售自己的才華，值得嗎？為了成就，你放棄了對故鄉的聯繫，值得嗎？

所謂的功成名就，又怎會是追尋外在物質所得到的成果？如果你迫於無奈而選擇了放棄，那麼背離了自我，你又如何能夠完滿？

看看享譽全球的義大利男高音波伽利，雖然他有時會應邀至世界各地演出，但大多數的時間，他都待在自己的故鄉——一個義大利的小城鎮，他父親的酒莊——全世界景仰他的樂迷，都會來到他的故鄉「朝聖」，而這裡也因為波伽利而繁榮！這不正是一個應證嗎？成就是不外求的，他是來自於忠於自我的幸福動能。

你或許會說：波伽利只有一個，不是每個人都能成為世界的頂尖人物。但「你」不也是一個獨一無二的個體嗎？或許我們無法成為「偉人」，但忠於自我的能量，才能更加激發出我們最與眾不同的一面。獨特無法用金錢衡量，幸福不是鈔票所能買賣；人生，是用來感受的，沒有一個度量衡的工具能夠丈量你生命的快樂。

《道德經》說：「甘其食，美其服，安其居，樂其俗。」當我們回歸純樸、清靜、知足的本性，便能吃出食物的香甜，穿出自我的舒適，從安居中得到平和，從平凡中得到快樂。同樣的道理，當我們捨棄了對「外在成功」的追求，我們才能從中找到自己內在的價值，才不會迷失在都市的灰色叢林而找不到自我的定位。

平凡，卻最是不易。現實俗世中又有多少人能夠甘於平凡，能夠追尋最本質的幸福？

就拿每天最根本的三餐來說吧，一日三次的「享受」，對你而言是否早已成了不得不然的例行公事？忙於工作、忙於生活，有時塞個麵包，有時連吃都省了——這樣的生活別說是「甘於食」了，你連基本的健康都早已顧不上。

所以，你還要繼續追逐著旁人口中的「夢想」而放棄自己嗎？

你還要為了「生活」而捨棄「生活」嗎？

你還要為了金飯碗、鐵飯碗而擱置自己對生命的想像嗎？

我，住在嘉義，我也最愛嘉義！她真是一個幸福的城市，縱使有千百萬個更好的「機會」，我也不願意離開。「慢活」、「健康」，還有我最愛的親朋好友；踏實的幸福，都在這兒。

點燃心中的火焰

夢想，是一把火焰。而火焰都源自於一開始的那點火苗。星星之火，可以燎原。不論是熊熊烈火還是徐暖爐火，第一步，都一定都是「點燃」它！

點火的勇氣，隨著年齡的增加而遞減，因為成長讓我們衍生了責任、顧忌、束縛與家累等等的限制，這讓我們不敢、也不能任意的「放手一搏」，如果賭大了、如果失敗了，我們就勢必要付出慘痛的代價。這就是火焰的雙面性，它能帶給我們光明，卻也能夠將我們焚燒殆盡。

親愛的朋友們，當你覺得自己一直都是「老樣子」，日子總是一成不變，而生活的準則只剩下「以不變應萬變」時，這代表你已經老了！你的心已經僵化了！你不再具有生命的活力！

年齡，不僅只是外表歲月的積累，更是代表著我們內在能量的耗損程

度。有些人雖然生理年齡才三十多歲，但外表看起來卻未老先衰，呈現出七八十歲的滄桑和老態，這是為什麼呢？難道只是缺乏保養就會淪落至此？還是做做醫學美容就還老返童？

外在的保養或手術，確實在短期間內能夠有效地改善你的容貌，但追根究柢，老化是由於生命缺乏了熱度、心靈缺乏了能量。年齡的多寡和老化並不能畫上等號，七八十歲的老人家，即便滿臉皺紋，卻仍能夠像個孩子般四處探險、對世界充滿熱情！那是因為內在的火焰正在燃燒，心理的能量並不受到生理的限制而消逝。

你老了！只要你不敢點火、不敢燃燒，無論你幾歲，你的心靈就是一個老人，你的外在就會呈現老化。

點火，點燃生命之火、點燃能量之火，點燃智慧之火！那是一股向上、向前的動力，它是實現理想所需要的無限能量！但請千萬小心，別讓「點火」成了「縱火」，火焰雖然能夠帶來光明，但它也能燒盡一切。不要錯把慾望當成夢想，讓放縱的慾望成為狂野的「怒火」、「妒火」、「無名火」，最終造成無法挽回的傷害。

想要避免引火焚身，那麼就請喚醒自己的靈魂，讓你的心靈之火成為智慧之炎。那只需要一些感動、一些純真，以及……「忘我」。

什麼是忘我？我們不是應該追求內在的自我嗎？那又為何要忘我？

其實，我們終其一生都在追求「自我」的幻影：我要頭銜、我要名位、我要權勢、我要金錢、我要榮耀……我我我我我，這麼多的我卻真的是那個心中的我所發出的願望嗎？當我們不斷地追逐時，這些慾望與需求就像是條件反射般的從環境中鏡射而出，那是外在的我與環境的結合，只是慾望與表層意識的綜合體——先忘我才能求得真我——反省、內觀，褪去那些汲汲營營的追逐，靜心地審視自己的本心。如此一來，你才能求得以內在光輝燃燒的智慧之火，而不是燃盡一切的慾望之火。

時時刻刻地觀照著自我的內心，不要用虛偽以及慾望虛耗自己的火焰，失控的火焰它或許狂野，但它只會帶來空無；請讓火焰燃燒出正面的能量，然後再以這些能量為燃料，照耀出自己夢想的道路。請沐浴在火焰之中，讓自身散發出最堅定的魅力和氣質。

放慢你的腳步

不必急著去哪，因為此刻的人生已經是最美好的！

「計畫永遠趕不上變化，變化永遠趕不上造化」人生既然有太多的不確定，那你又何必急。

「人生只有一件確定的事，那就是出生後的每一天，都邁向死亡！多活一天，就少活一天！」死亡，對我們一視同仁，終點從未消失。無論多偉大、多有權勢名位，在死亡的面前，都是那麼的無力、那麼的束手無策。

既知如此，我們可以選擇逃避，也可以選擇面對。孔子曾說：「朝聞道，夕死可矣！」生與死的意義，是在於你生命價值的展現，而不是生命的長短。

有一位智者，他一生都為了歡愉而活，他不但自己開心，也為別人帶來

了歡樂。但不論如何，人總是逃不過死亡，臨死前，他吩咐親人將他火化，而且他還特意囑咐眾人不要替他沐浴更衣，他想維持著生前的模樣死去。當時眾人都沉浸在傷感之中，沒有人多想其中的原因。結果當他火化的那一刻，所有的人都忍不住笑了——因為他在衣服裡預藏了很多的煙火，「他把死亡變成了一場慶祝」！

我好愛這個故事，所以我默默的將這種精神學了起來。當年爺爺過世的時候，我就以祝福的心情歡送他最後一程。因為爺爺也是一位「開心老人」，他一定不會要我們哭哭啼啼的用淚水送他最後一程，流淚應該是源自於真情至性的不捨，而不是因為出於我們對死亡的敬畏。於是我哭著、笑著，用開心的心情慶祝他走過了人生的這一趟路。

所以，死亡是必然的結果，是無法繞過的終點。開心也是過一生，難過也是過一生，既然如此，我們又何必急匆匆的不斷向前奔馳？為什麼我們要用滿滿的時間表，用所謂的「時間管理」和「高效生活」來充塞自己的人生？難道我們非要用忙碌才能證明自己的「不枉此生」嗎？

「當你可以從心裡把死亡所能帶走的一切拋棄，那死亡就不能從你身上帶走任何東西」不要怕，你就能活得好；能放下，你就會活得很瀟灑！體驗生命的美好，別把那些捨不得轉化為忙碌來充填自己的人生。

年紀輕輕就稱霸歐亞非三大洲的亞歷山大，是歷史的一位「偉人」；但亞歷山大卻在生命的最終，臣服於身無長物的哲學家戴奧真尼斯的智慧之下。一日，戴奧真尼斯正裸身躺在河岸上曬太陽。亞歷山大早已久聞這位哲人的許多故事，於是特意前來與他會晤。戴奧真尼斯純真的美，深深地烙印在亞歷山大的腦海裡——裸體、不假修飾、毫不掩飾；亞歷山大於是回過頭來審視自己，錦衣華服、極盡修飾，但奇怪的是，這樣的對比卻讓他感到異常的貧乏。

感到疑惑的他向戴奧真尼斯問道：「我對你感到嫉妒！和你相較之下，我居然感到如此的貧乏，但你卻身無長物！你的財富到底是什麼？」戴奧真尼斯回答道：「我不欲求任何東西，所以『無欲』是我的寶藏；我是一個主人，因為我不佔有任何東西，『不佔有』就是我的財富；我已經征服這個世界了，因為我已經征服我自己。我的勝利是跟隨我的，但你的勝利將會被死亡帶走。」據說亞歷山大當時聽完後更是困惑。

抱著這個疑惑，亞歷山大直到臨死之前才又突然想起了戴奧真尼斯，他的笑、平和與喜悅……似乎都已經超越了死亡，那也正是他現在所沒有的東西。因為感到一無所有，他淚流滿面的告訴首相說：「當我死後，你把我的身體帶到墓園時，請讓我的雙手伸出靈柩之外。」

首相大惑不解的問：「為什麼要做這麼奇怪的事？」

亞歷山大說：「我想要人們看到，我空手而來，亦空手而走，我一生都被浪費掉了。讓我的手伸出靈柩外，好讓每個人都能看見——就連亞歷山大大帝也是空手而走的。」他說的這段話對後世的意義，比起他征服了歐亞非三大洲還要深刻。

親愛的朋友們，不要依賴、追尋那些未來終將被帶走的東西，或把它當成唯一的理想；否則，你雖會因得到而快樂，卻也將因失去而更加痛苦。任何能被帶走的，都不是我們的，追求這些不屬於自己的東西終究只是場白費力氣。唯有那個「無法被帶走的」才是我們應該追尋的目標，它是放下的灑脫，是心靈無拘的自由與喜樂。

真正屬於你的，他將會永遠與你同在。沒有人可以把它偷走，也沒人能把它帶走，即便是死亡也無法從你身邊將它搶走。這些東西是不外求的，是急躁的心所無法尋獲的祕寶。放慢你的腳步，張開心靈的眼，你會發現在死亡之前，只有那些永恆的價值才能在你的靈魂刻下記錄；而永恆，又豈是時間所能束縛的呢？

吸引力法則

成功者，無論是在家庭或是事業的成功，通常擁有一股特殊的魅力。簡單來說，就是一股難以言喻的「吸引力」。

《秘密》正是這麼一本介紹「吸引力法則」的暢銷書籍，他藉由許多成功者的例證，揭開了自古以來金字塔頂層的祕密——吸引力，會產生磁場，將成功所需要的人事物牽引到你的身邊。而磁場是由「磁力」所構成，那是宇宙中最主要的動力，是一股「小到可以推動比體內原子還要小的粒子、大到能把各個銀河系拉在一起」的力量。「磁力」無所不在、無法抗拒！

就像鐵釘遇上了磁鐵那樣，它會不由自主的受到牽引，全然無法抗拒。

但是你知道嗎？鐵釘的原子其實也是擁有磁性的，只是原子的排列並沒有一致的方向，所以互相抵消了彼此的磁力，原子間不同調的「分散」讓力量

彼此抵消；而磁鐵卻因為原子的排列完美一致，南北極各正其位，所以能夠產生吸引其他原子的磁力。

而當磁鐵吸住鐵釘時，鐵釘裡原本零散而不同調的原子，將會受到磁鐵中調性一致的原子所牽引，因而有了方向；它會配合磁鐵裡的原子重新整齊排列，變成「暫時性磁鐵」。其實鐵釘的磁性是原子天生就具有特性，但由於自我的凌亂與分歧，因此必須透過磁鐵的引導才能顯現。這就像是老師與學生的關係一樣，就像作者與讀者的關係一樣：我永遠無法「教會」你什麼東西，我只能用各種方式把你原本就會的「引發」出來。

真正的老師就像是個磁鐵，他能夠把同樣具有磁性天份的學生吸引過來；而學生們就像鐵釘一樣，他們需要引導才能變成「暫時性的磁鐵」，當跟在老師的身邊時就能表現出一定的水準。而當學生們自己的磁力愈來愈強時，他也會蛻變成一個磁鐵，他能用自己的實力去成為一個具有吸引力的成功者，藉由自己的磁力去吸引更多的成功因子向自己靠攏。

一個優秀的領導者亦如同磁鐵般，能夠將團隊中每個人的潛力誘發出來，讓團隊的心念如同原子的重新排列般，重新找到一致的方向，齊心為「共同願景」貢獻所長。這個團隊將會產生超強磁力，讓一切達成目標所需的人事物自動向團隊靠攏。

但是磁鐵的磁性也是會弱化的！打擊或是過熱都會使磁性減弱。因為磁鐵的磁性是來自於原子的整齊排列，在經過打擊後，原子的排列便會因此亂掉；而過熱也會讓原子的動能增加，進而影響了排列的規則性，並造成磁性的衰減。

因此，「排列整齊」、「單純」、「統一方向」正是磁性的祕密！當你為了一件事情專心致志、靈魂為其沸騰、全心全意地投入更是讓你心情愉悅時，恭喜你，你找到了值得你發展的志業了。這時不妨忘了SWOT、忘了策略、忘了營利那些枝微末節，把真心想做的事擺在第一，全神貫注——吸引力將會為你帶來全世界的支持。

當你感受到支持的力量時，你會被誘發出更驚人的力量！聽從你的心，並信任存在的安排。身心靈一致的力量，將為你帶來巨大的吸引力，它是宇宙的能量，是成功者背後的神祕動能。

內在的分裂，會導致外在的的分裂！當你是「完整」的，你才能融入宇宙「整體」；當你的心靈是「正面」的，你才能引來更多正面的因子；「物以類聚」，吸引力的法則正是如此。當你的自身愈協調，你就愈一致，原子的排列就愈整齊，發出的磁力也就愈驚人！當你達到這個境界時，那些和你目標一致的人事物便將無可抗拒的受到你的吸引。就像鐵釘靠近磁鐵時，它又怎麼能抗拒那個磁力呢？

請多花點時間跟自己協調，跟家人協調，跟真正愛你、關心你的人協調，那你就不會混亂、不會頭痛、不會生病、不會低落、不會分裂、不會沮喪！合而為一，讓你和自己協同，讓你和宇宙整體取得同步。

生命中唯一能確定的事

一天，一如往常，老公坐在床頭看書，我剛從浴室走出來，正在吹頭髮。突然，我關掉了吹風機，問老公：「你有想過『死亡』這件事嗎？」他放下手中的書，怔了幾秒鐘，「……沒有耶」他的回答一點也不令人意外。是啊！大多數的人總是想太多，但往往就是不曾想過這件事。

我又想起了過世的爺爺——這是我從小到大第一次這麼接近死亡，第一次見到往生者的面容，第一次深刻的感受到生死兩隔的距離！我全程參與他的火化儀式，第一次見到骨灰，第一次真正地發現：「人什麼都帶不走，連一塊骨頭、一根頭髮都不可能帶得走」。那是一場震撼教育……。

「如果死亡會發生在每個人身上的話，那麼，我就不可能是個例外。」這是佛陀在遠離俗世前的那一刻所覺悟的真理。

當佛陀還是太子時，國王為了怕他會如同預言般地走進宗教，而無法接掌他的王國，於是國王故意讓他經歷極盡奢華的人生，讓他忘記一切外在煩惱而活在夢幻之中，刻意的讓一切生老病死都從他眼前消失。夜夜笙歌、酒池肉林，這些享樂，恰好是一般大眾所追逐的夢幻人生。但這些努力，卻都無法阻止佛陀去碰觸到宗教的源頭：「死亡」——這是每個人都無法逃避的真實。

據說，智慧未開的人會不斷地去詢問有關神的事，但聰明的人卻會詢問有關死亡的事。不斷尋找神的人永遠也找不到神，但探尋死亡的人卻會從中見到神的存在。「死亡」是生命之中最重要的一個課題，意識到它的存在能夠使一個人蛻變成長，能夠讓一個人回到生命的核心去探尋奧秘。當你正視「死亡」時，洞察力將會變得更加敏銳，眼前的不愉快都將如煙消散，夢想也將因為它而呈現不同的面貌。

生命有一天將會結束！

人並不是在某一天才死去，而是從出生的那天起，就已經開始邁向死亡。一個註定流逝的東西，緊緊地守住又有什麼意義？而那些建立在這個註定消失的基礎上的一切：存款、財產、收藏、名車、豪宅、華服……不是顯得更為虛幻嗎？

生命有一天必定會消失，跟隨著生命而生的一切，終將灰飛煙滅。所以生命外圍的一切實在不值得我們緊抓不放；如果生命無法永恆，那又何苦於悲情、痛苦與憂慮，為何不選擇喜樂、真實與痛快？如果生命最終會消失，它就是會消失，我們無法預知，但終有一天將會發生。

我們一直想盡辦法欺騙自己，我們盡可能地美化死亡以免產生疑惑，我們一直活在「死的都是別人」的假想之中。因為我們看不到自己的死亡，我們只能看到別人的死亡，所以不讓自己去想這件事，所以我們無法參透死亡的意義，所以我們會恐懼、逃避。

沒有人真正知道死亡，沒有人能夠想像自己從這個世界上消失的時候，會是什麼樣的「感覺」？生前的一幕幕都快速從眼前略過？有「牛頭馬面」或是「天使」來把人的靈魂接走？上天堂？下地獄？無論是什麼，它終歸是個想像，因為死人不說話，沒有人能夠見證死亡。而正因為它的無可逆轉，人生以及相遇的緣份也就更顯得珍貴。

那天，五歲的女兒ＱＱ跟我說：「媽媽，等我長大了，妳就變老了；等我變老了，妳就會死了；等到最後我也會死對不對……」十歲的兒子ＢＢ聽完後馬上在旁邊「指導」她說：「這個順序是不一定的喔！不一定老的會先死喔……」這個話題在我們家向來不是禁忌，也不嚴肅，因為把死亡放到眼前來思考，都會讓我們更懂得珍惜當下。「我們好有緣份可以在今生今世成為母子，以後，我們可能都不會再見面了……」相遇的緣份是上天賜予我們的禮物，這種溫馨的感覺，讓我們都紅了眼眶。

「我們『以後』見面還會認識嗎？」我輕輕的問ＱＱ。她用一種很深的理解，笑著，輕輕地對我搖搖頭……

只在乎曾經擁有

人生，很多事情，曾經擁有也就夠了。執著、放不下，就是被那人、那事、那物所俘虜，也就是背負著「一口田」不斷地跑，何必逼得自己如此地窒息呢？

一口田是什麼意思？

你仔細瞧瞧，「富」這個字，不正是一口田撐起一個家？「福」這個字，是不是一口田加上有衣穿？但若你把一口田背在背上跑，那就是個「逼」！那些被自己一手創立的事業壓得喘不過氣來的大老闆們，就是被他的那一口田逼著跑，被逼著繞地球跑，連嬌妻稚子都顧不上了。一口田是不變的，變的是「時」和「位」，你將這「一口田」配上什麼東西、放在哪裡，它的結果就截然不同！

那麼，你如何處理和看待你的「一口田」呢？

有人說：我只混一口飯吃，哪來一口田？一口田不是真的一塊地或是一棟金店面，而是你用來掙得這「一口飯」的技術或工具，那個就是你的「一口田」！

在早期有很多女性學了美髮後，沒有店面，就靠著雙手在自己家的客廳經營起「家庭美髮」，幫人洗頭、剪髮、燙髮，靠這技術養活了一家子。這個技術就是這些女性朋友們的「一口田」；有些人遠從國外漂洋過海來到台灣，由於暫時無法適應、更難以就業，靈機一動就在台灣賣起自己故鄉的特色小吃，不但廣受歡迎，也變成了賴以維生的那「一口田」！

這些看起來小小的、不起眼的「一口田」，養活了千千萬萬的人。因為只要努力耕耘，就會有收穫。

這一口田，有人勤於經營，適時地翻土、輪耕，種植了各種適合土壤的作物，把它變成了一口良田，收穫滿滿；有些人則對自己的一口田在哪視若無睹，放任它的荒蕪，又或者是因為嫌它貧瘠而開始茫無目標地尋找他人生的下

「一口田」，殊不知那「一口田」正在他的腳下！其實只要知道作物的特性，即便腳下的那一口田較為貧瘠，仍舊能創造出傲人的收穫！同一種作物對於土壤中的養分需求是相同的，所以，你要適時地休耕，讓土地能休養生息；或是藉由輪耕，讓土地不致於一直流失單一養份。

一口田的經營不容易，因為你要深入了解你那一口田的土質，是否適合你要種植的作物？一次的種植需要讓它休養多久？有沒有什麼方式可以為它注入養分而縮短休耕的期限？或者是休耕期的土地有沒有什麼更好的運用方式？

這些相關的知識就是「專業」！企管大師大前研一就明白指出：「專業是唯一生存之道！」你對於你那一口田有多專業，你就能在其中創造最大的收成！

親愛的朋友們，這兒當然不是要人人都成為農夫，認真的找口田來耕耘；而是要透過農道而尋天道，大自然環繞在我們身邊，是普世而通用的道理。

日出而作、日落而息，聽起來再簡單也不過，但這卻是最重要的養生之道。現在的人有時日落才是一天的開始，各種夜店、精彩的夜生活，讓人心志混亂，又怎麼能好好保存能量去經營自己的事業和人生呢？

四季循環，春生、夏長、秋收、冬藏；你在春天不播種、夏天不耕耘，秋天要收成什麼？你在秋收後沒有冬藏明年的種子，等到明年春天需要播種時，種子哪裡來？這麼簡單的邏輯，卻蘊藏著人生的大智慧，需要用一生去經驗。

插秧的道理也是個智慧。在稻田插秧時必須要有一個「基準點」，有了那個點，你插的秧苗才不會歪斜。但是，當你完成插秧的任務時，你還守著那個點做什麼？過了河，怎麼還要把船揹在背上拖著走呢？我見過不少人，以當時所處的環境、思維與成熟度，就定下了奉行不渝的「終生目標」。這不是很傻嗎？

人生，很多事情，嘗試過就好了。沒當過總經理？當過就好了；沒當過老闆？當過就好了。曾經擁有，就好了；你知道那個感覺、那種生活，就好了。不要迷惘，更不要一直守著那個陳舊的「基準點」不放。不要隨便給自己承諾，現在的你，沒有權利為未來的你套上枷鎖。

「一口田」可以是個「逼」，也可以是個「福」，端看你怎麼去詮釋它。

春來，草木自生。如果你撒下了正確的種子，在各方面條件俱足的時刻，它就會發芽……。急不得，也不能急；順天，知命。不要把生命浪費在不該浪費的地方，如此的人生才會無入而不自得。

你願意付出多少？

看到別人的事業蒸蒸日上，看到那些企業大老闆身家動輒數十億，很羨慕嗎？

俗話說，「天下沒有白吃的午餐」，在談論你「想要」名利或幸福之前，請先自問：「你願意用什麼來『交換』這一切？」沒日沒夜的工作？家庭與事業之間的衝突？精神與體力的透支？不被了解的孤寂？不得不冷血的氣魄？

如果你只有付出平凡的努力，當然只能獲得平凡的結果；如果你只有付出平凡的心力，當然就不會有非凡的成就！

只是，非凡有什麼好？平凡有什麼不好？而非凡與平凡，哪個才是你真正想要的？

在事業裡叱吒風雲，面對磨練與考驗，你真的甘之如飴？還是在盡心竭力之餘，漸漸地感覺到掏空與無力的疲憊？

「決定你要的是什麼，然後決定你願意用什麼來與之交換，接著把你的前後次序釐清楚，就開始去工作！」——韓特（H. Lamar Hunt）

你看到了你「想要」的，卻忽略了你要「付出」的；在得到之前，先想想有什麼是你能捨棄的吧！

不只是事業，感情不也是如此嗎？在面對婚姻的時候，人們渴望愛情、盼望浪漫、懷抱著夢想與期待；但在步入禮堂前，又有多少人看到了婚姻所附帶的責任、溝通、協調、互信互諒、互相尊重、共同成長等一連串的責任與條件？

婚姻是場交易，人們必須拿出「自由」和「夢想」才能換取「愛情」與「幸福」，而連帶的或許也必須支付「責任」和「枷鎖」這沉重的利息。很多人在婚後，才突然發現這些代價並不是他所能捨棄的，於是大喊一聲：「我不要換了！」，然後離婚。

既然如此，為何不在一開始就看清楚事情的本質呢？婚姻需要經營，就像企業需要經營一樣，家庭、親子、人際……等，所有的關係其實都需要經營，沒有什麼事情是免費的，更不會有天上掉下來的禮物。

所以回到事業的領域來看，千萬不要有那種好逸惡勞，幻想著奇蹟發生的可能；也不要有那種隨波逐流，只會跟進而不願自己下功夫去掌握脈動的短視作法。有的人眼看別人徒手創業，身家百萬，於是便帶著欣羨的目光跟著投入了創業的行列，但他卻從未想過自己是否已經做好了準備。這中間有的人一時幸運，或許跟上了潮流，也賺進了好幾桶金；但有的人卻是倒楣，恰好碰上了流行的退燒，因而逐漸散盡家財。眼見樓起，又見樓塌，充滿了戲劇張力。

幸運、不幸運，或許多少帶點影響，但真正的原因卻絕不是什麼命運捉弄所能解釋的。要去經營一個事業，你必須承擔起應付出的責任，你必須做好所有事前與事後的準備。創業或許難，但更難的卻是事業成長的過程中所必須面臨的各種經營困境及轉型挑戰。若沒有足夠的能力和智慧來應變，就會隨著流行風潮起伏，最後消失於市場。人才不足、能力不夠、市場變化太大、消費者口味變化太快……這任何一種因素，都可能是壓跨駱駝的最後一根稻草。而你必須做的，就是針對這些問題預先做好準備。

各種領域的成功者，想的、做的必然和一般人不一樣。做好準備的人，對自己的經營能力、創意和未來充滿信心，對於實務的經營及待客之道也都下足了苦功，雖然跟著流行風潮而起，但是在風潮退去之後，這些預做準備的人，還是能在很短的時間內應變、轉型，脫胎換骨成另一種營業型態。所以，事在人為，不在時局的好壞。

你有夢想嗎？你又願意為了夢想做什麼樣的犧牲？要如何實現夢想？你有想過實現夢想所需付出的代價？

下次，在你規劃夢想時，請先自問：「為了內心的渴求，我願意用什麼來交換？」

每個人都曾有過夢想，但隨著勇氣、努力的程度而產生了不一樣的結果。追求夢想是要付出代價的。最常見的代價，就是為了抵達終點前所需要的「自我約束」。例如想擁有良好的健康與體態，你必須放棄許多美食；想要擁有一技之長，你必須犧牲掉一些娛樂時間，全力投入練習。

自我約束就是一個完成夢想所必須付出的代價，他是一種需要長期發展的能力，是一種面對成功的必要計畫。透過「自我約束」，你才能有效的「自我管理」，清楚的決定：我想要什麼、為此我還必須做什麼、何時完成、完成後要如何維持。有效的自律，是讓我們從繁雜的願望、雜務、人際、生活中獲得解脫的必要手段，追求夢想就必定要有所取捨；唯有自律，才有自由！

每當你說出一句「Yes」時，那代表著你必須對其他更多的選擇說「No」！下次，請認真的思考：「為了得到，我必須放棄，而這捨與得之間，值得嗎？」

只有國王的王國，從不存在

實踐夢想，有時不是你一個人的事，你需要團隊！

「員工是聘請來成為『你』的延伸，請善待他們。沒有哪個國家是只有國王一人的。」

我們常常要求下屬，希望他十項全能、希望他自動自發、希望他忠心不貳、希望他效率第一……

但，你自己是一個好的領導者嗎？你有辦法整合他們的能力，發揮他們的潛力，引領眾人前往正確的方向嗎？

管理上有一個普克定律(Packard's law)，也是《從A到A⁺》作者柯林斯所一直強調的：「當一家公司的成長速度，一直高過於延攬人才或內部培養的速度時，就無法成為一家卓越的公司。」

企業要保有競爭優勢、貫徹願景的執行，領導者就必須要找出企業所需的關鍵人才，積極的、有系統的進行培育和教導；同時也必須從側面著手觀察，找出所有員工的長處與弱點，加以強化與修正。

在我指導的企業中，常常會有老闆摸不清自己員工的長處，這是很要不得的。例如某次，當我讚揚某個新進人員時，那位老闆居然問道：「她好在哪裡？我怎麼看不出來？」既然不知道好在哪，當初又為何僱用她？若是抱著「試試看」的心態，那最後必定是以「業績」來作為評估標準，這可就犯了急功近利、以偏概全的毛病——「業績」確實是一個標準，也是員工努力的成果；但那往往只是一小部分的表現。

企業的成功是靠一連串的正確成果所累積而成，是需要時間去發酵的。如果只看每個月的業績，那就等於葬送了人才發揮「後勁」的可能。

另一位老闆也犯了相似的毛病。有次，他把我認為極為優秀的教育訓練人才炒了魷魚，細問原因，才知道這位「大老闆」居然要求所有的員工去做業務推廣，沒有達到標準的人就必須離開公司。這真是一個愚蠢又令人感到遺憾的結果！

團隊應該是一種互補，由一群能力、專長各有不同的人，為同一個目標或使命貢獻自己所長之處，而不是要求大家都做同樣的事。可惜的是，很多「大老闆」都犯了這樣的毛病，誤以為業績就是一切，而沒有讓每個人才都發揮出他們的專長。

沒有識人之能的老闆，就會經常錯失人才，他被自己有限的智識限制住，因此他的事業也會時常出現瓶頸。人才是企業策略藍圖實踐的「執行力」，堅實的人才基礎，是所有策略能否達成的關鍵。沒有實現的願景終歸也只是場白日夢。因此，「正確的人才」是一個企業的命脈。

三國時代的劉備與諸葛亮，堪稱千古君臣楷模，從三顧茅廬到白帝城托孤，想必大家都不陌生。當我們在羨慕劉備如此幸運之時，其實正該先想到劉備的三顧茅廬——有這樣慧眼識人的明君，才有機會讓我們見識到諸葛亮這樣的能臣！

你能看出什麼人能夠做什麼事、什麼人應該放在哪個位置上嗎？每個人都有自己特殊的專長，你具有看出那隱晦星光的慧眼嗎？你具有足夠的舞台，能夠提供給各種人才盡情揮灑的表演空間嗎？

你的包容度有多大，成就相對的就會有多大！

企業想要壯大，需要大量的人才來支援。然而企業若沒有一個核心價值維持住整個組織，員工就很容易因為見異思遷而離開；當輸血的速度趕不上失血的速度時，血當然會流乾！面對失血，當務之急應是先「止血」、再「輸血」。可是大多數的老闆卻本末倒置，不是先找出失血的原因來止血，而是不斷的輸血；但是在緊急的當口，血液的篩檢草率，最後自然就會出問題。

很多老闆會認為：「只要有錢，不愁請不到員工」，這種想法對於一個事業來說，實在危險！你用高薪挖角而來的精英，難保不會被更高薪挖走；人才太快速的流動只會讓公司一直維持在「生存」的階段，而無法進步到「開發」與「成長」。這年頭，優秀的人才比黃金石油還要珍貴，所以老闆們，請先把眼光從鈔票上移開吧！

那些忘記「人」才是一個企業根基的人，最終總落得失敗收場……總

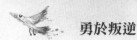

之，就是離不開「人」。

一個企業只要把人搞定了，人才各正其位，企業才能成長，藍圖才能實踐，夢想才能成真。很多成功的企業家都曾語重心長的說：成功不在於「做事」，而在於「做人」。你，還想繼續當一人王國的國王嗎？

自我淘汰

你是一個沒有靈魂的工作機器嗎？運轉了那麼多年卻沒有出過差錯，好像真該為你拍拍手。

但你有沒有想過，自己為何而做？為誰而做？這一生做了什麼？你用辛勞換來的一切，真的能夠代表「你」？

還是說，還有著更大的成就與夢想等著你去完成？

這個社會上的競爭，已經不是「一技」在手就可以行遍天下的時代了。在這個時代中，即便你多才多藝，也未必就能通行無阻，因為總有人比你會得更多。

「廣度」是要的，它開闊你的眼界、開展你的格局；但「深度」才是重點，因為外表的「高度」正是來自於內在的「深度」。這就好像一棵樹的成

長，你只看得到它向上伸展、開枝散葉；但卻看不見它的根，正在奮力向下扎實，吸取養分。它們是「同時成長」的。如果樹木想要高聳入雲，它就必須往下紮根到最深的土壤，他就必須向上伸展迎接更多的陽光。

我們的成長也是。你的外在事業要有多成功，必須看你的內在涵養有多厚實：專業、技術、熱情、理念、價值觀……等，這些雖然看不到，但卻是事業的「地基」，也是你的「根」。它們要夠深、夠紮實，事業才能發展成參天巨木，夢想才能再向上攀升。

如果你現在才發現「地基」有問題、「根」紮得不夠深，該怎麼辦？

把地基的弱點找出來，用任何的方法來補強它！但你必須接受「樓暫時不能再向上蓋」的事實。

根有問題，枝葉就要先修剪掉一些，以減少養分及水分的流失，然後再依狀況來做處理：看是要把腐爛的部份截掉、還是只要繼續施肥澆水增加養分就可以。以企業來說，那就是「瘦身」、「裁員」；以個人來說，那就是追尋自我、找回快樂、增加智識、補充技能。如果憑一己之力而無法達到「治療」

的效果，那麼就必須請求專業的支援以及團隊的協助，他們可以協助你看見盲點、脫離瓶頸、並督促你有效率的執行。

老子詠水「上善」。「水善利萬物，而不爭」水往低處流，所以他能謙遜而容萬物；百川匯海，你必須要能容，才能成就氣度與深度。「天下莫柔弱於水，而攻堅強者莫之能勝。」水雖柔弱，但它多變。它能謙遜容物，也能翻雲覆雨。當你容納了眾多的能量，吸收了足夠的涵養，你就要讓它產生變化，讓水沸騰，蒸餾出零雜質的「純水」！

點燃心中的火苗，追逐心中的夢想，用勇氣與努力去實踐！讓自我的深度轉化為高度，讓心中的海洋蒸騰為升空，淬鍊出最純淨的「純水」。你要蛻變成為菁英，脫離「還可以」、「還過得去」的階段。溫水不會沸騰、無法蒸餾，它只會一點一點的逸散，最終乾涸。唯有當你點燃心中的生命之火，才能沸騰、蒸發、蛻變！

有一位棋道高手，從比賽場上退休後被聘為教練。他培訓選手時，從不教導怎樣去進攻、也不教人謀略，對於眾人的疑惑，他只說：「棋道，沒有什麼技巧和謀略，最重要的是在於能發現自己的破綻，並且能夠避免自己的失誤！」

後來，他培訓的選手參加了一場大賽，擊敗當時許多頂尖的棋士。他們雖然沒有什麼技巧和謀略，但卻讓人無法找不到他們絲毫的破綻與失誤，他們贏就贏在「沒有失誤」。

大獲全勝之後，他說：「一個棋士能贏，技巧和謀略都無關重要，致勝之道在於『贏得自己』、杜絕自己的失誤！沒有失誤，就沒有破綻，任何人都無法將你打敗。」

人生的旅途不就是這樣嗎？它沒有什麼策略和技巧，而是在於你如何「趕在世界淘汰你之前，先淘汰那個過去的自己」！追逐夢想，其實就是一條與自己不斷競爭的成長之路啊！

後記：你還能活多久？

面對有限的生命，你可有無限的努力？

一生不過幾十年，扣除那些懵懂的歲月，三分之一的時間睡眠、三分之一的時間為了生存而動；餘下三分之一的時間，或者為了愛情而忙碌、或者為了親情而奔波、抑或為了一些無聊小事消磨了時間。這不到八千天的日子裡，你還剩下多少時間能夠為「夢想」而努力？還剩下多少時間能夠去追尋「真我」？

時間何其寶貴、生命何其短暫、人身何其難得、真理之海何其浩瀚，還在磨蹭什麼呢？

你是「不敢」，還是「不願」？你知道改變自己的機會就在猶豫的瞬間溜走了嗎？

陽光美好而溫暖，偶爾的陰雨能讓一切更加的平衡，生命就是這麼樣的奇妙。你不能拒絕陽光，否則你會發霉；你也不能拒絕雨水，否則你會枯死。陽光是常態，你不能害怕曝曬而永遠躲在陰影之中；雨水也是常態，你不能為了幾次的濕透就決定再也不離開遮蔽。陰影遮住了陽光，所以你無法成長；遮蔽擋去了雨水，所以你逐漸乾涸。陽光和雨水都是生命的一部分，你不能選擇，那就接受！

勇於叛逆！當你了解到世間沒有絕對的對錯之時，你就該學會勇敢地拒絕；對所有不屬於你的「假想」大聲的說「No」，追尋那些真正屬於你的道路吧！

死亡橫渡在眼前，它清楚的揭示了真理的存在。生命開始於澈悟人生的真相。你，出生了嗎？

勇於叛逆：
放下對完美的堅持，人生的道路將會更開闊

作　　者　余秋慧
發 行 人　林敬彬
主　　編　楊安瑜
責任編輯　陳亮均
助理編輯　黃亭維
內頁編排　蘇佳祥
封面設計　張慧敏

出　　版　大都會文化事業有限公司　行政院新聞局北市業字第89號
發　　行　大都會文化事業有限公司
11051台北市信義區基隆路一段432號4樓之9
讀者服務專線：（02）27235216
讀者服務傳真：（02）27235220
電子郵件信箱：metro@ms21.hinet.net
網　　　址：www.metrobook.com.tw

郵政劃撥　14050529 大都會文化事業有限公司
出版日期　2012年9月初版一刷
定　　價　250元
ISBN　978-986-6152-54-2
書　　號　Growth050

First published in Taiwan in 2012 by
Metropolitan Culture Enterprise Co., Ltd.
4F-9, Double Hero Bldg., 432, Keelung Rd., Sec. 1,
Taipei 11051, Taiwan
Tel:+886-2-2723-5216 Fax:+886-2-2723-5220
Web-site:www.metrobook.com.tw
E-mail:metro@ms21.hinet.net

大都會文化
METROPOLITAN CULTURE
大都會文化

國家圖書館出版品預行編目(CIP)資料

勇於叛逆：放下對完美的堅持，人生的道路將會更開闊 /
余秋慧著；初版. -- 臺北市：大都會文化, 2012.09
224面；21×14.8公分

ISBN 978-986-6152-54-2（平裝）

1.自我肯定　2.自我實現

177.2　　101016287

大都會文化

大都會文化　讀者服務卡

書名：**勇於叛逆：放下對完美的堅持，人生的道路將會更開闊**

謝謝您選擇了這本書！期待您的支持與建議，讓我們能有更多聯繫與互動的機會。

A. 您在何時購得本書：______年______月______日

B. 您在何處購得本書：____________書店，位於____________(市、縣)

C. 您從哪裡得知本書的消息：

1.□書店　2.□報章雜誌　3.□電台活動　4.□網路資訊

5.□書籤宣傳品等　6.□親友介紹　7.□書評　8.□其他

D. 您購買本書的動機：（可複選）

1.□對主題或內容感興趣　2.□工作需要　3.□生活需要

4.□自我進修　5.□內容為流行熱門話題　6.□其他

E. 您最喜歡本書的：（可複選）

1.□內容題材　2.□字體大小　3.□翻譯文筆　4.□封面　5.□編排方式　6.□其他

F. 您認為本書的封面：1.□非常出色　2.□普通　3.□毫不起眼　4.□其他

G. 您認為本書的編排：1.□非常出色　2.□普通　3.□毫不起眼　4.□其他

H. 您通常以哪些方式購書：(可複選)

1.□逛書店　2.□書展　3.□劃撥郵購　4.□團體訂購　5.□網路購書　6.□其他

I. 您希望我們出版哪類書籍：（可複選）

1.□旅遊　2.□流行文化　3.□生活休閒　4.□美容保養　5.□散文小品

6.□科學新知　7.□藝術音樂　8.□致富理財　9.□工商企管　10.□科幻推理

11.□史地類　12.□勵志傳記　13.□電影小說　14.□語言學習（_____語）

15.□幽默諧趣　16.□其他

J. 您對本書(系)的建議：

K. 您對本出版社的建議：

讀者小檔案

姓名：______________ 性別：□男　□女　生日：____年____月____日

年齡：□20歲以下 □21～30歲 □31～40歲 □41～50歲 □51歲以上

職業：1.□學生 2.□軍公教 3.□大眾傳播 4.□服務業 5.□金融業 6.□製造業

7.□資訊業 8.□自由業 9.□家管 10.□退休 11.□其他

學歷：□國小或以下 □國中 □高中／高職 □大學／大專 □研究所以上

通訊地址：____________________________________

電話：（H）________________（O）______________ 傳真：______________

行動電話：________________ E-Mail：________________________

◎謝謝您購買本書，也歡迎您加入我們的會員，請上大都會文化網站 www.metrobook.com.tw 登錄您的資料。您將不定期收到最新圖書優惠資訊和電子報。

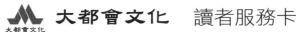

勇於叛逆

放下對完美的堅持，
人生的道路將會更開闊

人生，就像在走鋼索！

北區郵政管理局
登記證北台字第9125號
免貼郵票

大都會文化事業有限公司

讀者服務部 收

11051台北市基隆路一段432號4樓之9

寄回這張服務卡〔免貼郵票〕
您可以：
◎不定期收到最新出版訊息
◎參加各項回饋優惠活動